Peter Dörsam

Grundlagen der Entscheidungstheorie

anschaulich dargestellt

- ausführliche Darstellung der wichtigsten Zusammenhänge
- Aufgaben mit detaillierten Lösungsvorschlägen

4. überarbeitete und erweiterte Auflage

PD-Verlag Heidenau

Bibliografische Information Der Deutschen Bibliothek

Die Deutsche Bibliothek verzeichnet diese Publikation in der Deutschen Nationalbibliografie; detaillierte bibliografische Daten sind im Internet über http://dnb.ddb.de abrufbar.

1. Auflage November 1996 (ISBN: 3-930737-31-0)
2. überarbeitete und erweiterte Auflage März 1998 (ISBN 3-930737-32-9)
3. überarbeitete Auflage April 2001 (ISBN 3-930737-33-7)
4. überarbeitete und erweiterte Auflage 2003

Tel. 04182/401037, FAX: 04182/401038
http://www.pd-verlag.de, e-mail: mail@pd-verlag.de
Druck: WB-Druck GmbH + Co. Buchproduktions KG, Rieden am Forggensee

ISBN 3-930737-34-5

Inhaltsverzeichnis

Vorwort

Im Prinzip kann die gesamte Betriebswirtschaft als Entscheidungstheorie aufgefasst werden, geht es doch hier praktisch immer um das Fällen der jeweils "richtigen" Entscheidung. Zentraler Bereich der Entscheidungstheorie ist die Entscheidungsfindung unter Unsicherheit, das sind Entscheidungssituationen, bei denen verschiedene Ergebnisse in der Zukunft möglich sind. Natürlich sind die behandelten Modelle theoretischer Natur. In realen Entscheidungssituationen werden häufig zu viele Informationen fehlen, als dass sich die Modelle direkt anwenden ließen. Dennoch sind sie eine wertvolle und notwendige Hilfestellung, um die "bestmögliche" Entscheidung zu finden.

Das Ziel der vorliegenden Ausarbeitung ist es, die wesentlichen Zusammenhänge der Entscheidungstheorie verständlich zu vermitteln. Hierbei wird auf den Zielkonflikt, die verschiedenen Entscheidungsregeln bei Unsicherheit ohne bekannte Wahrscheinlichkeiten und auf die Bayes-Regel, das Bernoulli-Prinzip und die $\mu\sigma$*-Regeln für Entscheidungen unter Risiko (bekannte Wahrscheinlichkeiten) eingegangen. Es wird versucht, die Zusammenhänge zunächst anhand von Beispielen zu erklären.*

Die Ausarbeitung wird durch zahlreiche Aufgaben ergänzt. Diese Aufgaben sollten keinesfalls so begriffen werden, dass man sich einfach nur die Lösungen anschaut. Ein wirklich nachhaltiger Lerneffekt wird sich nur einstellen, wenn man zuerst versucht, die Aufgaben selbst zu lösen. Erst wenn man an einer Stelle längere Zeit nicht weiterkommt, sollte man sich die Lösungsvorschläge anschauen.

Außer zahlreichen kleineren Überarbeitungen wurden bei der zweiten Auflage insbesondere der Abschnitt zum Dominanzprinzip und einige Teile der Ausführungen zum Bernoulli-Prinzip neu ausgearbeitet. Zusätzlich zur ersten Auflage wurden Abschnitte zur Bernoulli-Befragung und zur Portefeuilletheorie aufgenommen. Bei der dritten Auflage wurden lediglich einige kleinere Überarbeitungen vorgenommen.

Bei der vorliegenden vierten Auflage wurden außer einigen Überarbeitungen insbesondere zusätzliche Aufgaben ergänzt. Schließlich wurde das Buch auch an die neue deutsche Rechtschreibung angepasst.

Trotz aller Sorgfalt können sich Fehler eingeschlichen haben – für entsprechende Hinweise bin ich jederzeit dankbar.

Vielen Dank an dieser Stelle an Philipp von Bremen, Marcel Brindöpke, Renate Dörsam, Heike Hansen, Jan-Paul Ritscher, Albrecht Trautmann, Dagmar Winkelhofer-Bülow und alle anderen, die mir Hinweise auf Fehler und Verbesserungsvorschläge gaben.

Peter Dörsam

1 Einführung

Zunächst muss in der Entscheidungstheorie zwischen zwei verschiedenen Ansätzen unterschieden werden. Der eine Ansatz, die **normative Entscheidungstheorie**, sucht nach Entscheidungsregeln (Normen) für rationales Handeln. Aufgrund der Prämissen der Entscheidungsträger wird also gewissermaßen die "theoretisch richtige" Entscheidung gesucht. Dieser Ansatz wird bisweilen auch als praktisch-normative oder präskriptive Entscheidungstheorie bezeichnet.

Der zweite Ansatz versucht hingegen, das tatsächliche Entscheidungsverhalten der Menschen zu beschreiben. Entsprechend nennt man diesen Ansatz die **deskriptive Entscheidungstheorie** (oder auch empirisch-realistische Entscheidungstheorie). Natürlich hat diese deskriptive Theorie nur einen Wert, wenn sie gegenüber der normativen Entscheidungstheorie eigenständige Ergebnisse liefert. Dieses ist aber nur dann der Fall, wenn die Individuen ihre Entscheidungen aus der Sicht der normativen Entscheidungstheorie irrational fällen. Hier mag man einwenden: Sicherlich gibt es irrationale Entscheidungen, aber macht eine Theorie dieser Entscheidungen einen Sinn?

Allerdings gibt es noch einen anderen, weit wichtigeren Grund, warum Entscheidungen nicht im Rahmen der normativen Entscheidungstheorie getroffen werden: Die Informationslage ist bei vielen Entscheidungssituationen derart diffus, dass weder die verschiedenen Handlungsalternativen, geschweige denn die sich jeweils ergebenden Ergebnisse auszumachen sind. In derartigen Situationen wird notwendigerweise "aus dem Bauch heraus" entschieden.

Obwohl somit die Anwendungsgrenzen der normativen Entscheidungstheorie nicht zu übersehen sind, wird lediglich diese nachfolgend behandelt. Bezüglich der deskriptiven Entscheidungstheorie sei hier lediglich erwähnt, dass es dort viele verschiedene Erklärungsansätze gibt, die aber kaum empirisch überprüfbar sind.

Wenn nachfolgend einfach nur von der Entscheidungstheorie gesprochen wird, so ist hiermit stets die normative Entscheidungstheorie gemeint.

2 Grundlagen der Entscheidungstheorie

Nachfolgend sollen anhand eines Beispiels die wesentlichen Fragestellungen und Begriffe der Entscheidungstheorie erläutert werden.

Angenommen ein Mineralölkonzern strebe nach Gewinnmaximierung und überprüft die Eröffnung einer neuen Tankstelle. Für die neue Tankstelle kommen zwei Standorte in Frage, die nachfolgend als a_1 (Alternative 1, Standort im Stadtzentrum) und a_2 (Alternative 2, Stadtrand) bezeichnet werden. Weiterhin sei angenommen, dass der Mineralölkonzern die Gewinne kennt, die an diesen Standorten erreicht werden können. Die Gewinne lauten bei a_1 125.000,- EUR und bei a_2 150.000,- EUR. Da bei a_2 der höhere Gewinn entsteht, wird das Unternehmen sich für a_2 entscheiden.

Wenn man ein derartiges Beispiel vor Augen hat, könnte man sich fragen, wozu man überhaupt "Entscheidungstheorie" braucht, wenn sich die "richtigen" Entscheidungen so einfach ergeben. Aber die Entscheidung ist in dem vorherigen Beispiel nur deshalb so leicht, weil drei Annahmen gemacht wurden, die die Entscheidungssituation stark vereinfachen.

2.1 Zielkonflikt

Einerseits wurde davon ausgegangen, dass von dem Unternehmen "nur" nach Gewinnmaximierung gestrebt wird, also ein einziges Ziel verfolgt wird. Eine nicht unrealistische Annahme wäre, dass der Mineralölkonzern nicht nur seinen Gewinn, sondern auch seinen Umsatz maximieren will. Es sei nun angenommen, dass der Umsatz im Stadtzentrum (a_1) 2.000.000,- EUR und am Stadtrand (a_2) 1.800.000,- betrage. Wie soll sich der Konzern nun entscheiden? In diesem Fall liegt ein **Zielkonflikt** vor, der in Abschnitt 1.4 näher behandelt wird.

2.2 Entscheidung unter Unsicherheit

Das hauptsächliche Beschäftigungsgebiet der Entscheidungstheorie ist aber nicht der Zielkonflikt, sondern die **Unsicherheit.** In dem Beispiel wurde davon ausgegangen, dass die jeweiligen Gewinne für die Alternativen feststehen. Dieses ist aber keinesfalls eine besonders realistische Annahme. Häufig wird man davon ausgehen müssen, dass die Gewinne einer Entscheidung nicht nur von der gewählten Alternative, sondern auch von Faktoren beeinflusst werden, auf die man selber keinen Einfluss hat. Für die Landwirtschaft ist beispielsweise insbesondere das Wetter ein derartiger Faktor. Die Gewinne eines Landwirtes werden nicht nur von der Entscheidung, ob er Weizen oder Raps anbaut, abhängen, sondern insbesondere auch von den Wetterverhältnissen. Diese von einem selbst nicht beeinflussbaren Faktoren nennt man **Umweltzustände.** Im Zusammenhang mit dem Wetter ist diese Definition sehr einleuchtend; ein Umweltzustand kann aber auch der Wechselkurs des Dollars oder die Nachfrage nach Tennisschlägern sein. Abhängig von dem jeweiligen Umweltzustand ergeben sich für das Unternehmen unterschiedliche Gewinne. In solchen Fällen, in denen eine bestimmte Entscheidung nicht mit einem einzigen möglichen Ergebnis verbunden ist, spricht man von einer **Entscheidung unter Unsicherheit.**

Das vorherige Beispiel sei nun folgendermaßen modifiziert: Dem Mineralölkonzern ist bekannt, dass von der Stadt eine weiträumige Umgehungsstraße geplant wird, die allerdings heftig umstritten ist.[1] Diese Umgehungsstraße würde den Verkehr im Stadtzentrum und damit auch die Gewinne an dem Standort im Zentrum nicht beeinflussen. Am Stadtrand (a_2) würde sich aber eine drastische Verringerung des Verkehrs ergeben. Wenn die Umgehungsstraße realisiert würde, so ließe sich bei dem Standort a_2 nur noch ein Gewinn von 80.000,- EUR erzielen. Welcher Standort ist unter diesen Bedingungen besser, wenn man wie zu Anfang unterstellt, dass das Unternehmen Gewinnmaximierung anstrebt?

Die Entscheidung ist nun nicht mehr so trivial. Nachfolgend wird zu-

1: Man beachte die möglichen Konsequenzen einer Umgehungsstraße, da sie als Rechtfertigung für eine intergalaktische Hyperraum-Umgehungsstraße herhalten kann! vgl. Douglas Adams: Per Anhalter durch die Galaxis

nächst auf die gängige Darstellungsform für derartige Entscheidungsprobleme eingegangen.

2.3 Darstellung des Entscheidungsproblems

Für Entscheidungssituationen unter Unsicherheit bietet sich das Erstellen einer **Ergebnismatrix** an. In dieser Matrix werden die verschiedenen Handlungsalternativen (a_i) in den Zeilen und die verschiedenen Umweltzustände (z_i: Zustände) in den Spalten abgetragen. (Bei der Darstellung für einen Zielkonflikt werden in den Spalten statt der Umweltzustände die verschiedenen Ziele aufgeführt.)

Für das zuvor betrachtete Beispiel mit 2 Handlungsalternativen (Stadtzentrum (a_1) oder Stadtrand (a_2)) und 2 Umweltzuständen (Umgehungsstraße wird nicht gebaut (z_1) oder gebaut (z_2)) ergibt sich für die Zeilen und Spalten der Matrix folgende Beschriftung:

	z_1 (keine Umgehungsstraße)	z_2 (Umgehungsstraße)
a_1 (Stadtzentrum)		
a_2 (Stadtrand)		

In dieser Matrix werden nun die Ergebnisse (e_{ij}) für die jeweilige Situation eingetragen. Der erste Index (i) steht hierbei für die gewählte Alternative und der zweite (j) für den jeweiligen Umweltzustand. Für den Standort Stadtzentrum waren die Gewinne unabhängig von der Umgehungsstraße, so dass in der Matrix jeweils der Gewinn von 125.000,- EUR einzutragen ist. Die Gewinne für den Stadtrand waren ebenfalls in der Situationsbeschreibung angegeben, so dass sich für die Ergebnismatrix insgesamt ergibt:

	z_1 (keine Umgehungsstraße)	z_2 (Umgehungsstraße)
a_1 (Stadtzentrum)	125.000,- $= e_{11}$	125.000,- $= e_{12}$
a_2 (Stadtrand)	150.000,- $= e_{21}$	80.000,- $= e_{22}$

Natürlich kann eine derartige Entscheidungsmatrix die Entscheidungssituation nur dann hinreichend beschreiben, wenn auch tatsächlich alle möglichen Umweltzustände erfasst worden sind. Für eine Entscheidungsmatrix wird daher gefordert, dass der **Zustandsraum** vollständig erfasst wird.

In diesem Fall herrscht über den Ergebnisraum vollkommene Information, d.h. die möglichen Ergebnisse und die jeweiligen Gewinne sind bekannt. Dieses wird in der Regel bei Aufgabenstellungen unterstellt, ist aber in der Realität natürlich längst nicht immer gegeben. Es könnte z.B. unbekannt sein, welcher Gewinn sich für a_2 ergibt, wenn die Umgehungsstraße realisiert wird. Um in derartigen Situationen Entscheidungsmodelle anwenden zu können, müsste man sich diese fehlende Information zunächst beschaffen.

Wie soll man sich aber nun in der durch die Entscheidungsmatrix beschriebenen Situation entscheiden? Für den Umweltzustand z_1 ist a_2 die bessere Wahl, während bei z_2 a_1 günstiger ist. Zunächst dürfte auffallen, dass eine wichtige Information für eine Entscheidungsfindung noch fehlt:

Wie wahrscheinlich ist der Bau der Umgehungsstraße?

Wenn der Bau der Umgehungsstraße sehr unwahrscheinlich ist, würde die Entscheidung wohl für a_2 ausfallen, während bei einer hohen Wahrscheinlichkeit für die Umgehungsstraße a_1 als vorteilhaft erscheinen dürfte.

Je nachdem, ob Wahrscheinlichkeiten für die verschiedenen Alternativen bekannt sind, wird die Entscheidungssituation klassifiziert. Die entsprechenden Einteilungen werden nachfolgend behandelt.

2.4 Klassifikation von Entscheidungssituationen unter Unsicherheit

Wenn den einzelnen Umweltzuständen Eintrittswahrscheinlichkeiten zugeordnet werden können, so spricht man von einer **Entscheidung unter Risiko**. Lassen sich hingegen keine Wahrscheinlichkeiten zuordnen, so handelt es sich um eine **Entscheidung unter Ungewissheit.**

Zu beachten ist in diesem Zusammenhang, dass die Wahrscheinlichkeiten nicht nur dann bekannt sind, wenn sie mathematisch oder statistisch fundiert sind (wie etwa die Wahrscheinlichkeiten beim Lotto etc.), sondern auch wenn sie sich lediglich aus der subjektiven Sicht des Entscheidungsträgers ergeben. Mathematische oder statistische Wahrscheinlichkeiten nennt man auch **objektive Wahrscheinlichkeiten**, während man andernfalls von **subjektiven Wahrscheinlichkeiten** spricht.

In dem betrachteten Beispiel sind sicherlich nur subjektive Wahrscheinlichkeiten denkbar. Wenn der Entscheidungsträger in dem Beispiel dem Bau der Umgehungsstraße Wahrscheinlichkeiten zuordnen kann, so handelt es sich um eine Entscheidung unter Risiko, andernfalls um eine Entscheidung unter Ungewissheit.

Es sei zunächst angenommen, dass der Ölkonzern sich nicht in der Lage sieht, dem Umgehungsstraßenbau Wahrscheinlichkeiten zuzuordnen. Wie soll er sich dann entscheiden? Für derartige Entscheidungssituationen wurden verschiedene Entscheidungsregeln definiert. Wenn der Ölkonzern beispielsweise extrem risikoscheu ist, so ließe sich vermuten, dass er jede Handlungsalternative nur nach dem schlechtestmöglichen Ergebniswert beurteilt. Diese Entscheidungsregel nennt man Maximin-Regel (wähle das maximale Minimum). Für das betrachtete Beispiel ergibt sich:

	z_1	z_2	Minimum
a_1 (Stadtzentrum)	125.000,-	125.000,-	**125.000,-**
a_2 (Stadtrand)	150.000,-	80.000,-	80.000,-

Da die Alternative a_1 das größere Minimum besitzt, würde sich der Ölkonzern also nach der Maximin-Regel für die Alternative a_1 entscheiden.

Im Abschnitt 1.4 werden die Entscheidungsregeln für Entscheidungen unter Ungewissheit näher betrachtet. Hier sei zunächst lediglich betont, dass alle diese Regeln letztendlich unbefriedigend sind, da jede von ihnen gegen bestimmte Rationalitätsanforderungen verstößt.

Durch das Schätzen von subjektiven Wahrscheinlichkeiten kann eine Entscheidung unter Ungewissheit in eine Entscheidung unter Risiko überführt werden.

Für Entscheidungen unter Risiko gibt es brauchbare Entscheidungskriterien. Hierbei ist insbesondere das Bernoulli-Prinzip zu nennen.

In der Ergebnismatrix trägt man bei Risikosituationen zusätzlich die Wahrscheinlichkeiten für die einzelnen Umweltzustände ein. Wenn der Ölkonzern beispielsweise die Wahrscheinlichkeit für den Bau der Umgehungsstraße auf 30% schätzte, so würde man schreiben:

	z_1 (keine Umgehungsstraße) $p_1 = 0{,}7$	z_2 (Umgehungsstraße) $p_2 = 0{,}3$
a_1 (Stadtzentrum)	125.000,-	125.000,-
a_2 (Stadtrand)	150.000,-	80.000,-

In Abschnitt 5 werden die Entscheidungskriterien für derartige Risikosituationen ausführlich behandelt.

Zuvor wurden zwei verschiedene Fälle der Unsicherheit betrachtet, wobei der Unterschied darin lag, ob die Wahrscheinlichkeiten für das Eintreffen der Umweltzustände bekannt oder nicht bekannt sind. Nun gibt es aber noch einen dritten Fall der Unsicherheit, der dann gegeben ist, wenn die Umweltzustände nicht durch Zufall, sondern durch einen **rationalen Gegenspieler** bestimmt werden. In derartigen Fällen kann im allgemeinen das Eintreten der einzelnen Umweltzustände nicht mehr unabhängig von der eigenen Entscheidung gesehen werden. Derartige Situationen sind Gegenstand der **Spieltheorie**, die ein spezielles Teilgebiet der Entscheidungstheorie darstellt. Der Name Spieltheorie beruht darauf, dass die behandelten Situationen in Strategiespielen gegeben sind. Dieses darf aber nicht über die große Bedeutung der Spieltheorie hinwegtäuschen, denn viele ökonomisch relevante Entscheidungssituationen fallen in den

Bereich der Spieltheorie. Typische Fälle wären etwa zwei Wettbewerber, die ihre Preise oder Mengen festlegen.

Auch das zuvor betrachtete Beispiel kann leicht zu einer spieltheoretischen Situation umgeformt werden:

Angenommen, zwei verschiedenen Ölkonzerne würden jeweils überlegen, ob sie am Stadtrand oder im Stadtzentrum eine neue Tankstelle errichten.

Sicherlich wäre es für die Konzerne ungünstig, wenn sie beide an dem gleichen Standort ihre Tankstelle eröffneten. Daher wäre es natürlich wünschenswert, wenn man wüsste, an welcher Stelle der andere Konzern seine Tankstelle eröffnen wird. Noch besser wäre es, wenn man dem anderen Konzern glaubhaft machen könnte, dass man selber auf jeden Fall an dem lukrativeren der beiden Standorte seine Tankstelle eröffnen wird. Denn in diesem Fall wird der Konkurrent auf den weniger lukrativen Standort ausweichen, um zu verhindern, dass beide Tankstellen am selben Standort eröffnet werden. Strategische Überlegungen, wie sie eben beschrieben wurden, sind typisch für die Spieltheorie.

Da die Spieltheorie häufig in den Veranstaltungen zur Entscheidungstheorie nicht behandelt wird, sondern ihr eigene Veranstaltungen (häufig auch im Rahmen der VWL) vorbehalten sind, wird nachfolgend nicht näher auf die Spieltheorie eingegangen.

2.5 Dominanz

Ein grundlegendes Entscheidungskriterium ist das der Dominanz. Dieses kann sowohl bei Entscheidungssituationen unter Unsicherheit (unabhängig davon, ob Wahrscheinlichkeiten gegeben sind) als auch bei Vorliegen eines Zielkonfliktes angewandt werden.

Eine Alternative wird als dominant bezeichnet, wenn sie einer anderen Alternative auf jeden Fall vorzuziehen ist. Wenn bei einem Entscheidungsproblem eine Alternative alle anderen Alternativen dominiert, so ist die rationale Entscheidung, diese Alternative zu wählen. Bei Klausuraufgaben ist dies selten der Fall, aber es kann doch häufig mittels der Dominanz eine Vorauswahl zwischen den Alternativen getroffen werden, indem man alle dominierten Alternativen entfernt.

2.5.1 Zustandsdominanz

Zunächst sei die Grundidee der Dominanz anhand des folgenden Beispiels verdeutlicht:

	z_1 (keine Umgehungsstraße)	z_2 (Umgehungsstraße)
a_1 (Stadtzentrum)	125.000,-	90.000,-
a_2 (Stadtrand)	100.000,-	80.000,-

In diesem Fall ist, egal welcher Umweltzustand eintritt, die Alternative a_1 besser. Man spricht in diesem Fall davon, dass die Alternative a_1 die Alternative a_2 **dominiert**.

Genau genommen handelt es sich bei dem zuvor beschriebenen Dominanzbegriff um den Begriff der **Zustandsdominanz**. Da dieses aber der gängigste Dominanzbegriff ist, wird hier häufig auch einfach nur von Dominanz gesprochen. Zustandsdominanz meint, wie zuvor beschrieben, dass die eine Alternative in jedem Zustand (Umweltzustand) besser als (bzw. zumindest gleich gut wie) die andere Alternative ist.

Formal gilt Folgendes:

Zustandsdominanz:

a_1 dominiert a_2 wenn: $e_{1j} \geqq e_{2j}$ für alle j

und für mindestens ein j $e_{1j} > e_{2j}$ gilt.

(Bisweilen wird auch zwischen schwacher und starker Dominanz unterschieden. Man bezeichnet die vorherige Form der Dominanz dann als **starke Dominanz**. Von **schwacher Dominanz** spricht man, wenn lediglich die erste Bedingung ($e_{1j} \geqq e_{2j}$ für alle j) erfüllt ist. Eine Alternative ist also auch dann schwachdominant gegenüber einer anderen Alternative, wenn beide Alternativen für alle Umweltzustände identische Ergebnisse liefern. Entsprechende Unterscheidungen zwischen schwacher und starker Dominanz kann man auch bei den weiteren Dominanzformen machen.)

Nachfolgend soll eine Entscheidungssituation mit mehr als zwei Alternativen auf Zustandsdominanz untersucht werden:

	z_1	z_2	z_3	z_4	z_5
a_1	0	20	10	60	25
a_2	-20	80	10	10	60
a_3	20	60	20	60	50
a_4	55	40	60	10	40
a_5	50	10	30	5	20

Es sind 5 Alternativen gegeben. Bei der Untersuchung auf Dominanz müssen jeweils zwei Alternativen miteinander verglichen werden. Um systematisch vorzugehen, nimmt man am besten zunächst die Alternative a_1 und vergleicht sie mit allen anderen Alternativen. (Nachfolgend wird das Vorgehen sehr ausführlich beschrieben.)

	z_1		z_2		z_3		z_4		z_5	
a_1	**0**		**20**		**10**		**60**		**25**	
a_2	-20	< 0	80	> 20	10		10		60	
a_3	20	> 0	60	> 20	20	> 10	60	≧ 60	50	> 25
a_4	55		40		60		10		40	
a_5	50		10		30		5		20	

Man sieht in der Tabelle, dass zwischen a_1 und a_2 keine Dominanz besteht. Bei z_1 hat a_1 einen höheren Wert und bei z_2 ist der bessere Wert bei a_2 zu finden. Es kann also keine dieser beiden Alternativen bei allen Zuständen besser (bzw. gleich) der anderen Alternative sein, und man braucht die weiteren Umweltzustände gar nicht zu betrachten.

a_3 liefert bei allen Umweltzuständen bessere Werte (bzw. bei z_4 den gleichen Wert) als a_1. Somit wird a_1 von a_3 dominiert. Für die weitere Betrachtung muss a_1 nun nicht mehr berücksichtigt werden. Auch den Vergleich mit a_4 und a_5 kann man auslassen, denn wenn eine dieser Alternativen von a_1 dominiert werden sollte, so wird sie auf jeden Fall auch von a_3 dominiert.

Als nächstes wird a_2 mit den verbliebenen Alternativen verglichen:

	z_1		z_2		z_3		z_4		z_5	
a_2	**-20**		**80**		**10**		**10**		**60**	
a_3	20	> -20	60	< 80	20		60		50	
a_4	55	> -20	40	< 80	60		10		40	
a_5	50	> -20	10	< 80	30		5		20	

Aus dem Vergleich für z_1 und z_2 ergibt sich jeweils bereits, dass keine Dominanz besteht. Nun wird a_3 mit a_4 und a_5 verglichen (der Vergleich mit a_2 wurde ja bereits durchgeführt).

	z_1		z_2		z_3		z_4		z_5	
a_2	-20		80		10		10		60	
a_3	**20**		**60**		**20**		**60**		**50**	
a_4	55	> 20	40	< 60	60		10		40	
a_5	50	> 20	10	< 60	30		5		20	

In den betrachteten Fällen besteht keine Dominanz.

Nun müssen noch a_4 und a_5 miteinander verglichen werden:

	z_1	z_2	z_3	z_4	z_5
a_2	-20	80	10	10	60
a_3	20	60	20	60	50
a_4	**55**	**40**	**60**	**10**	**40**
a_5	50 < 55	10 < 40	30 < 60	5 < 10	20 < 40

a_5 wird von a_4 dominiert. Man kann das betrachtete Entscheidungsproblem also aufgrund von Dominanz auf die Alternativen a_2, a_3 und a_4 reduzieren.

2.5.2 Absolute Dominanz

Ein noch strengerer Dominanzbegriff als die Zustandsdominanz ist die **absolute Dominanz.** Bei der absoluten Dominanz wird gefordert, dass der schlechteste Ergebniswert der dominierenden Alternative besser als der beste Ergebniswert der dominierten Alternative ist. In dem vorherigen Beispiel liegt keine absolute Dominanz vor, denn der schlechteste Wert der Alternative a_1 (90.000,–) ist schlechter als der beste Wert der Alternative a_2 (100.000,–).

Für die Entscheidungstheorie spielt der Begriff der absoluten Dominanz allerdings keine Rolle, denn die Zustandsdominanz reicht in jedem Fall aus, um Alternativen auszuschließen. Wenn eine Alternative in jedem möglichen Fall schlechter als eine andere Alternative ist, so wird sich sicherlich kein rational handelnder Entscheidungsträger für diese Alternative entscheiden, unabhängig davon, ob zusätzlich absolute Dominanz besteht.

absolute Dominanz:

a_1 dominiert a_2 absolut, wenn: $e_{1j} > e_{2k}$ für alle j und k.

Hierbei muss also jeder Ergebniswert der Alternative 1 besser als jeder Ergebniswert der Alternative 2 sein.

2.5.3 Wahrscheinlichkeitsdominanz

Außer den zuvor behandelten Dominanzformen gibt es weiterhin den Begriff der **Wahrscheinlichkeitsdominanz**. Wie der Name schon sagt, ist dieser Dominanzbegriff nur beim Vorhandensein von Wahrscheinlichkeiten, also bei Entscheidungssituationen unter Risiko, verwendbar. Am besten kann die Wahrscheinlichkeitsdominanz an einem Beispiel erklärt werden. Es sei folgende Risikosituation gegeben:

	z_1 $p_1 = 0{,}3$	z_2 $p_2 = 0{,}2$	z_3 $p_3 = 0{,}4$	z_4 $p_4 = 0{,}1$
a_1	20	40	10	50
a_2	60	30	50	20

In dieser Situation liegt keine Zustandsdominanz vor, denn es gibt sowohl Zustände, bei denen die erste, als auch Zustände, bei denen die zweite Alternative am besten ist.

Nachfolgend sind die Ergebnisse für die einzelnen Alternativen der Größe nach geordnet. Hinter dem Ergebniswert ist jeweils die zugehörige Wahrscheinlichkeit angegeben:

a_1	50 (0,1)	40 (0,2)	20 (0,3)	10 (0,4)
a_2	60 (0,3)	50 (0,4)	30 (0,2)	20 (0,1)

Die geordneten Ergebniswerte werden nun graphisch mit den zugehörigen Wahrscheinlichkeiten dargestellt:

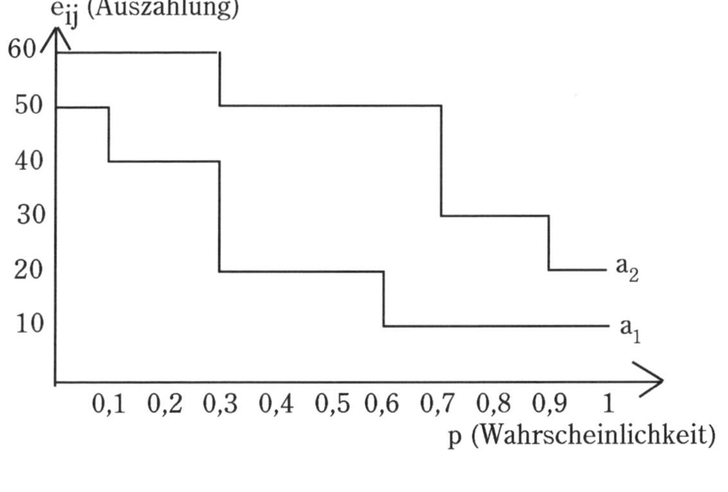

Bei der Alternative 2 ist der höchste Ergebniswert 60, und dieser tritt mit einer Wahrscheinlichkeit von 0,3 auf. Daher wurde zunächst eine waagerechte Linie bei 60 bis zu dem p-Wert von 0,3 gezogen. Nun wird senkrecht bis zu dem nächsthöheren Ergebniswert der Alternative (hier 50) fortgesetzt und wieder waagerecht weitergezeichnet. Hierbei wird entsprechend der Wahrscheinlichkeit, mit der dieser Wert vorkommt (hier 0,4), in p-Richtung weitergezeichnet. Nun geht es wieder senkrecht bis zum nächsten Ergebniswert usw..

Wenn in einer derartigen Graphik die eine Alternative nie unterhalb und zumindest einmal oberhalb der anderen liegt, so dominiert sie diese nach dem Prinzip der Wahrscheinlichkeitsdominanz. In dem vorherigen Beispiel dominiert also die Alternative 2 die Alternative 1 entsprechend dieses Prinzips. Hierzu hätte a_2 nicht durchgängig über a_1 liegen müssen.

Der graphische Zusammenhang bedeutet anschaulich Folgendes:

Eine Alternative dominiert eine andere Alternative nach dem Prinzip der Wahrscheinlichkeitsdominanz genau dann, wenn bei ihr die Wahrscheinlichkeit, mindestens einen Ergebniswert e' zu erzielen, nie kleiner und mindestens einmal größer als bei der andern Alternative ist. Formal bedeutet dies:

$$p(e_1 \geqq e') \geqq p(e_2 \geqq e') \text{ für alle } e' \in \mathbb{R}$$
$$\text{und } p(e_1 \geqq e') > p(e_2 \geqq e') \text{ für mindestens ein } e'$$

2.5.4 Weitere Zusammenhänge

Zwischen den betrachteten Dominanzformen besteht folgende Beziehung:

absolute Dominanz	**⇒ Zustandsdominanz**
	⇒ Wahrscheinlichkeitsdominanz
Zustandsdominanz	**⇒ Wahrscheinlichkeitsdominanz**

D.h. wenn eine absolute Dominanz vorliegt, so besteht sowohl Zustandsdominanz als auch Wahrscheinlichkeitsdominanz, und wenn Zustandsdominanz vorhanden ist, liegt auch Wahrscheinlichkeitsdominanz vor.

(Andersherum kann man natürlich keine Aussagen treffen; wenn z.B. Wahrscheinlichkeitsdominanz vorliegt, so lässt sich hieraus nicht folgern, ob auch absolute Dominanz oder Zustandsdominanz gegeben ist. Allerdings wird man in der Regel eine Überprüfung auf Wahrscheinlichkeitsdominanz sowieso nur dann durchführen, wenn keine Zustandsdominanz gegeben ist.)

Auch bei einem Zielkonflikt kann das Dominanzprinzip angewendet werden. Hierbei verfährt man analog zur Zustandsdominanz. Allerdings sind statt der verschiedenen Umweltzustände die unterschiedlichen Ziele zu betrachten. In diesem Fall hat sich ein anderer Name eingebürgert, statt von Dominanz spricht man hierbei von **effizienten Alternativen**. Entsprechend nennt man die Alternativen, die von anderen Alternativen dominiert werden, **ineffiziente Alternativen.**

3 Mehrere Ziele

3.1 Grundlagen

Wenn mehrere Ziele gleichzeitig verfolgt werden, so entsteht im allgemeinen ein Zielkonflikt. Dies gilt allerdings nicht für die speziellen Fälle "**komplementäre Ziele**" und "**neutrale Ziele**". Bei komplementären Zielen werden durch die Verfolgung eines Zieles auch die anderen Ziele optimal verfolgt. Wenn etwa ein Schuhgeschäft die Ziele "Verkauf von linken Schuhen" und "Verkauf von rechten Schuhen" hat, so handelt es sich hierbei um komplementäre Ziele. Bei neutralen Zielen beeinflusst die Verfolgung des einen Zieles die Erreichung des anderen nicht. Man kann also bei neutralen Zielen für jedes Ziel einzeln das Entscheidungsproblem lösen.

Das spezielle entscheidungstheoretische Problem für mehrere Ziele ergibt sich bei **konkurrierenden Zielen**. Hierbei beeinträchtigt die Realisierung des einen Zieles die Erreichung eines anderen Zieles. Gleichzeitig ist dies auch der Regelfall bei mehreren Zielen, denn neutrale Ziele sind eher ein Spezialfall und komplementäre Ziele wird man in der Regel gar nicht als getrennte Ziele aufführen (wer wird bei einem Entscheidungsproblem schon den Absatz von Schuhen in rechte und linke Schuhe aufspalten?).

Nachfolgend sei folgendes Beispiel betrachtet:

Ein Chemieunternehmen will sowohl den Absatz als auch den Gewinn maximieren. Weiterhin vermutet es, dass die zukünftigen Gewinne durch die von der Bevölkerung wahrgenommene Umweltschädigung des Unternehmens stark beeinflusst werden. Daher sollen diese Umweltschäden minimiert werden. Das Unternehmen kann mittels des Preises eines Produktes den Absatz beeinflussen. Gewinn und Umweltschäden ergeben sich dann jeweils wie in der Tabelle aufgeführt (die Umweltschäden nehmen mit steigendem Absatz zu, unterhalb einer gewissen Schwelle werden diese aber nicht wahrgenommen). Bezüglich des Preises bestehen die 4 Alternativen a_1 - a_4.

Alternative	Preis	Absatz	Gewinn	Umweltschäden
a_1	15	800	7000	-4
a_2	20	600	7000	-2
a_3	25	400	6000	0
a_4	30	200	4000	0

Die Umweltschäden wurden mit einem Minus versehen, auf diese Weise wird erreicht, dass auch für die Spalte der Umweltschäden eine Maximierung angestrebt wird (−2 ist größer als −4).

3.2 Effiziente Alternativen

Sinnvoll ist es zunächst, sich nur auf die **effizienten Alternativen** zu beschränken. Effizient ist eine Alternative, wenn es keine andere Alternative gibt, die bezüglich mindestens eines Zieles besser und bezüglich keines Zieles schlechter ist. Wie schon im vorherigen Abschnitt erwähnt, sind die effizienten Alternativen gerade die Alternativen, die nicht von einer anderen Alternative dominiert werden.

In diesem Fall ist die Alternative a_4 ineffizient, denn diese ist nie besser als a_3, aber bezüglich Absatz und Gewinn schlechter (a_4 wird von a_3 dominiert). Daher wird kein rationaler Entscheidungsträger sich für a_4 entscheiden, und es ist sinnvoll, diese Alternative für die weitere Entscheidungsfindung zu streichen.

In diesem Fall ist nur die Alternative a_4 ineffizient, und es bleibt ein Entscheidungsproblem mit 3 Alternativen übrig. In "günstigen" Fällen kann es sich aber auch ergeben, dass lediglich eine Alternative effizient ist. Dann ist das Entscheidungsproblem bereits mit der Auswahl der effizienten Alternativen gelöst. Wenn dies der Fall ist, so bedeutet es inhaltlich, dass die Ziele komplementär sind.

Wenn, wie in dem Beispiel, mehrere effiziente Alternativen verbleiben, müssen weitere Verfahren angewendet werden. Diese Verfahren werden nachfolgend behandelt.

3.3 Zieldominanz

Hierbei wird ein Ziel ausgewählt, das für entscheidend erachtet wird. Die Erfüllung bezüglich aller anderen Ziele bleibt dann unberücksichtigt, und es wird die Alternative ausgewählt, die das ausgewählte Hauptziel am besten erfüllt.

Der Vorteil dieser Regel liegt in ihrer Einfachheit, vom Ergebnis her ist sie aber natürlich nicht befriedigend.

Bei der nachfolgend aufgeführten lexikograhischen Ordnung werden die anderen Ziele zumindest bei Gleichheit bezüglich des Hauptzieles berücksichtigt.

3.4 Lexikographische Ordnung

Hierbei wird einfach wie im Lexikon verfahren, zunächst wird nur nach dem ersten Buchstaben sortiert, und nur wenn dieser identisch ist, wird der nächste Buchstabe zur Sortierung hinzugezogen. Welches Ziel der "erste Buchstabe" ist, muss der Entscheidungsträger selbst entscheiden. Der Entscheidungsträger muss sich also für ein Hauptziel entscheiden.

Bei dem betrachteten Beispiel sei angenommen, dass für die Chemiefirma die Gewinnmaximierung das Hauptziel ist, das zweitwichtigste Ziel sei die Minimierung der Umweltschädigung wegen des vermuteten Einflusses auf zukünftige Gewinne. Nach Streichung der ineffizienten Alternative verbleibt folgende Matrix:

Preis	Absatz	Gewinn	Umweltschäden
15 (a_1)	800	7000	-4
20 (a_2)	600	7000	-2
25 (a_3)	400	6000	0

Das Hauptziel wird von den Alternativen a_1 und a_2 am besten erfüllt. Da es von beiden Alternativen gleich gut erfüllt wird, muss zur Entscheidung zusätzlich das nächstwichtige Ziel herangezogen werden, also die Umweltschädigung. Bezüglich der Umweltschädigung ist die Alternative a_2 besser als die Alternative a_1, daher wird die Alternative a_2 gewählt.

Wenn alle Alternativen eine unterschiedliche Erfüllung des Hauptzieles ergeben, dann ist die lexikographische Ordnung identisch mit der Ordnung nur nach diesem Hauptziel. Selbst ein minimaler Unterschied in dem Hauptziel hat eine größere Bedeutung als die größte Abweichung im Nebenziel. Es sei beispielsweise angenommen, ein Student wolle sein gegenwärtiges Einkommen maximieren und einen möglichst guten Studienabschluss machen. Hierbei handelt es sich um konkurrierende Ziele, der Student hat bisher nur gelernt, sich in diesem Fall nach der lexikographischen Ordnung zu entscheiden, ihm ist das Einkommen wichtiger als der Abschluss, so dass er dieses zum Hauptziel wählt. Nun seien die folgenden beiden Alternativen möglich:

	Einkommen	Abschluss
a_1	1.500,-	gut
a_2	1.501,-	nicht bestanden

Entsprechend der Vorgabe wird er sich für a_2 entscheiden. Hierbei wird besonders deutlich, wie stark bei der lexikographischen Ordnung das Hauptziel übergewichtet wird.

Außer bei gleichem Erfüllungsgrad für das Hauptziel ist die lexikographische Ordnung identisch mit dem Ergebnis bei Zieldominanz. Daher gilt auch die gleiche Kritik wie bei der Zieldominanz.

3.5 Nutzenfunktion

Allgemein kann ein derartiges Entscheidungsproblem gelöst werden, indem das Maximum einer Nutzenfunktion, die als Variable die verschiedenen Ziele enthält, bestimmt wird. Somit gilt:

suche den maximalen Wert für $U(e_{i1}, ..., e_{ij})$

Wenn man eine derartige Nutzenfunktion hat, dann kann man die sich bei den einzelnen Alternativen ergebenden Ergebniswerte in die Nutzenfunktion einsetzen und auf diese Weise die Alternative mit dem höchsten Nutzenwert bestimmen. Allerdings bleibt die Frage, wie man zu einer derartigen Nutzenfunktion kommt. Nachfolgend wird ein spezieller Fall behandelt, die sogenannte Zielgewichtung. Dabei wird davon ausgegangen, dass die einzelnen Ziele linear in die Nutzenfunktion eingehen.

3.6 Zielgewichtung

Hierbei werden den einzelnen Zielen Gewichte zugeordnet. Die gewichteten Ergebniswerte werden dann für jede Alternative addiert. Auf diese Weise erhält man für jede Alternative einen Wert und wählt nun die Alternative mit dem höchsten Wert aus. Durch die Zielgewichtung wird aus dem mehrdimensionalen Zielsystem ein eindimensionales erzeugt. Die Gewichtungsfaktoren müssen von dem Entscheidungsträger gewählt werden. Bevor man die Ziele mit den Gewichten multipliziert, muss man die Ergebniswerte aber noch normieren. Der Zusammenhang soll an dem folgenden Beispiel verdeutlicht werden.

Es sei angenommen, eine Firma möchte sowohl den Umsatz als auch den Gewinn maximieren. Für die Problemstellung ergebe sich folgende Ergebnismatrix:

	Umsatz	Gewinn
a_1	800.000	7.000
a_2	600.000	8.000

Für die Zielgewichtung werden nun Gewichtungs-Faktoren festgelegt, mit denen die einzelnen Ziele gewichtet werden. Wenn der Entscheidungsträger z. B. meint, dass ihm die Gewinnmaximierung dreimal so wichtig wie die Umsatzmaximierung ist, so müssten die Faktoren im Verhältnis 3 zu 1 gewählt werden. Die Gewichte wählt man nun für gewöhnlich so, dass sie in der Summe 1 ergeben. Dies erreicht man, indem man die zuvor angeführten "Verhältniszahlen" durch die Summe der Verhältniszahlen (in diesem Fall 1+3=4) dividiert. Es ergeben sich also die Gewichtungsfaktoren:

Gewichtungsfaktor für Gewinn: $\frac{3}{4} = 0{,}75$

Gewichtungsfaktor für Umsatz: $\frac{1}{4} = 0{,}25$

Wenn man nun einfach die Werte für den Gewinn mit diesen Gewichtungsfaktoren (oder kürzer: Gewichten) multipliziert und dann die sich ergebenden Werte addiert, so würde man erhalten:

a_1: $0{,}25 * 800.000 + 0{,}75 * 7.000 = 205.250$

a_2: $0{,}25 * 600.000 + 0{,}75 * 8.000 = 156.000$

Somit wäre die Alternative 1 vorteilhaft, da sich bei ihr ein deutlich höherer Wert ergibt. Allerdings kann man nachrechnen, dass bei der vorherigen Methode, selbst wenn der Gewinn 100 mal so stark wie der Umsatz gewichtet würde, die Alternative 1 vorteilhaft ist. Dies liegt an den im Verhältnis zum Gewinn hohen absoluten Beträgen beim Umsatz.

Das zuvor beschriebene Problem sollte zunächst durch eine Normierung behoben werden. Hierbei sucht man zu jeder Alternative den höchsten und den niedrigsten Wert. Der höchste Wert erhält einen Wert von 1 und der niedrigste einen Wert von 0 zugeteilt.[1] Das Gewichtungsverhältnis muss nun natürlich anhand der tatsächlich auftretenden Werte angegeben werden. Wenn z. B. der Umsatz sehr stark schwankt, der Gewinn sich aber bei den verschiedenen Alternativen nur um ein paar Mark unterschiede, müsste sich dieser Sachverhalt in der Gewichtung widerspiegeln. In diesem Fall sollte der Gewinn also einen relativ niedrigen Gewichtungsfaktor erhalten. Wenn man für das zuvor betrachtete Beispiel annimmt, dass sich auch bei dieser Betrachtung Gewichte von 1:3 ergeben, dass also die Gewinndifferenz von 1.000 EUR dreimal so hoch bewertet wird wie die Umsatzdifferenz von 200.000 EUR, so ergibt sich folgendes Ergebnis:

a_1: $0{,}25 * 1 + 0{,}75 * 0 = 0{,}25$

a_2: $0{,}25 * 0 + 0{,}75 * 1 = 0{,}75$

Somit fällt die Entscheidung zugunsten von Alternative 2.

Das zuvor betrachtete Beispiel war relativ einfach, weil es nur 2 Ziele und auch nur 2 Alternativen gab. Wenn mehr als zwei Alternativen vorliegen, so reicht es bei der Normierung natürlich nicht aus, den größten Wert mit 1 und den niedrigsten mit 0 zu bewerten. Die restlichen Werte müssen auch bewertet werden. Hierzu muss ihnen auf der Skala von 0 bis 1 ein passender Wert zugeordnet werden. Dies kann geschehen, indem der Entscheidungsträger sich jeweils eine passende Bewertung

1: Man könnte den Raum auch auf einen Bereich, der über die Werte der Ergebnismatrix hinausgeht, normieren. Z.B. könnte man bei der betrachteten Aufgabe den Bereich für den Gewinn auf 5.000 DM bis 10.000 DM festlegen. Somit würde sich bei einem hypothetischen Gewinn von 5.000 DM ein Wert von 0 und bei einem hypothetischen Gewinn von 10.000 DM ein Wert von 1 ergeben. Für die auftretenden Gewinne von 7.000 und 8.000 DM müsste der Wert dann entsprechend den im Text später angeführten Methoden ermittelt werden. Natürlich müssen hierbei Werte herauskommen, die zwischen 0 und 1 liegen.

überlegt. Andererseits können die Werte aber auch linear zugeteilt werden. Hierzu muss die Differenz zwischen dem jeweiligen Wert und dem niedrigsten Wert gebildet werden. Das Ergebnis wird dann durch die Differenz aus dem größten und dem kleinsten Wert dividiert. An dem nachfolgenden Beispiel wird das Verfahren verdeutlicht:

	Umsatz	Gewinn
a_1	800.000	4.000
a_2	600.000	8.000
a_3	400.000	10.000

Für den Umsatz wird der Alternative 1 der Wert 1 und der Alternative 3 der Wert 0 zugeordnet. Für den Wert der Alternative 2 ergibt sich:

$$\frac{600.000 - 400.000}{800.000 - 400.000} = 0{,}5$$

Bezüglich des Gewinns erhält die Alternative 1 den Wert 0 und die Alternative 3 den Wert 1. Auch in diesem Fall muss der Wert für Alternative 2 noch berechnet werden. Dies wird nachfolgend durchgeführt:

$$\frac{8.000 - 4.000}{10.000 - 4.000} = 0{,}667$$

Für die weitere Berechnung müssten nun wieder die Gewichte geschätzt werden.

4 Entscheidung unter Ungewissheit

4.1 Grundlagen

Wie bereits am Anfang erwähnt, handelt es sich bei einer Entscheidungssituation unter Ungewissheit um eine Situation mit mehreren Umweltzuständen (z_i), für die die **Eintrittswahrscheinlichkeiten nicht bekannt sind.** Nachfolgend werden die gängigen Entscheidungsregeln für derartige Situationen angeführt. Es sei schon hier darauf verwiesen, dass keine der Regeln alle vernünftigerweise zu stellenden Forderungen für eine rationale Entscheidung erfüllt.

Die Regeln werden jeweils anhand des nachfolgend angeführten Beispiels erklärt. Zu jeder Regel werden die Intention der Regel und die wichtigsten Kritikpunkte aufgeführt. Anschließend wird für alle Regeln eine systematische Rationalitätsuntersuchung durchgeführt.

Für die nachfolgende Betrachtung der Regeln sei folgende Ergebnismatrix gegeben:

	z_1	z_2	z_3	z_4
a_1	60	30	50	60
a_2	10	10	10	140
a_3	-30	100	120	130

Zunächst sollte sich jeder einmal selbst überlegen, wie er sich in dieser Situation entscheiden würde.

4.2 Maximin-Regel[1]

Hierbei wählt man, wie der Name schon sagt, die Alternative mit dem maximalen Minimum. Für jede Alternative sucht man sich das Minimum heraus und entscheidet sich dann für die Alternative, bei der das Minimum am größten ist.

Für das Beispiel ergibt sich:

	z_1	z_2	z_3	z_4	Minimum
a_1	60	30	50	60	**30**
a_2	10	10	10	140	10
a_3	-30	100	120	130	-30

Somit entscheidet man sich nach dem Maximin-Kriterium für die Alternative 1, denn sie bietet mit 30 das größte Minimum.

Intention der Regel:

Die Regel spiegelt das Entscheidungsverhalten eines extrem risikoscheuen Entscheiders wider. Dieser ist so risikoscheu, dass er eine Alternative überhaupt nur nach dem schlechtest möglichen Ergebnis beurteilt. Bisweilen wird auch angeführt, dass der Entscheider derart pessimistisch ist, dass er davon ausgeht, dass das schlechteste Ergebnis eintreffen wird.

Kritik:

Zunächst muss zu dieser Regel angeführt werden, dass die unterstellte extrem **risikoscheue Einstellung** sicherlich **nicht realistisch** für menschliches Verhalten ist. Dies kann leicht an folgendem Beispiel verdeutlicht werden (alle Angaben jeweils in EUR):

	z_1	z_2	z_3	z_4	Minimum
a_1	1.000.000	1.000.000	0,99	1.000.000	0,99
a_2	1	1	1	1	**1**

1: Häufiger wird diese Regel auch Wald-Regel, zu Ehren von A. Wald, genannt. Bisweilen wird sie auch als Mini-Max-Kriterium bezeichnet. Insbesondere in der Spieltheorie ist diese Bezeichnung für die analoge Strategie gebräuchlich.

Nach der Maximin-Regel entscheidet man sich also für Alternative 2! Selbst in der "dümmsten" Spielshow im Fernsehen wird man keinen Kandidaten finden, der sich hier für die Alternative 2 entscheiden würde.

Nicht unabhängig von der vorherigen Kritik ist folgender Kritikpunkt:

Von jeder Alternative wird nur ein einziger Wert für die Entscheidung berücksichtigt.

4.3 Maximax-Regel

Hierbei wählt man das maximale Maximum.

Für das Beispiel ergibt sich:

	z_1	z_2	z_3	z_4	Maximum
a_1	60	30	50	60	60
a_2	10	10	10	140	**140**
a_3	-30	100	120	130	130

Somit entscheidet man sich nach dem Maximax-Kriterium für die Alternative 2, denn sie bietet mit 140 das größte Maximum.

Intention der Regel:

Die Regel ist das Gegenstück zur Maximin-Regel. Sie spiegelt ein extrem risikofreudiges (bzw. optimistisches) Verhalten wider.

Kritik:

Die unterstellte extrem **risikofreudige Einstellung** ist ganz besonders unrealistisch, denn einerseits gilt die schon bei der Maximin-Regel angeführte Kritik gegen eine Regel, die nur einen Extremwert jeder Alternative berücksichtigt. Weiterhin ist aber im Zweifelsfall für die meisten Entscheidungsträger eine risikoscheue Einstellung realistischer als eine risikofreudige.

4.4 Hurwicz-Regel

Bei dieser Regel werden die Minimax- und die Maximax-Regel kombiniert. Hierbei wird ein sogenannter Optimismusparameter λ $(0 \leqq \lambda \leqq 1)$ eingeführt. Für die Entscheidung wird nun ein neuer Präferenzwert gebildet. Hierzu wird das Maximum der Alternative mit λ und das Minimum mit $(1-\lambda)$ multipliziert und dann werden die sich ergebenden Werte addiert. Somit ergibt sich formal für den Präferenzwert Φ (Phi, dieser griechische Buchstabe wird gewöhnlich für Präferenzwerte benutzt):

$$\Phi(a_i) = \lambda * \underset{j}{\mathrm{Max}}\,(e_{ij}) + (1-\lambda) * \underset{j}{\mathrm{Min}}\,(e_{ij})$$

Der Optimismusparameter spiegelt, wie der Name schon sagt, den Optimismus des Entscheidungsträgers wider. Ist $\lambda=1$, so wird das Zeilenmaximum mit 1 und das Zeilenminimum mit 0 multipliziert. Die Entscheidung wird nur anhand des Maximums durchgeführt und ist in diesem Fall $(\lambda=1)$ somit identisch mit der Entscheidung bei der Maximax-Regel. Bei $\lambda=1$ ist der Entscheider also absolut optimistisch. Bei $\lambda=0$ ist der Entscheider dagegen absolut pessimistisch, denn er berücksichtigt nur das Minimum, und die Entscheidung ist identisch mit der Maximin-Regel.

Je näher λ an 1 liegt, desto optimistischer ist die Einstellung des Entscheiders. λ kann folgendermaßen bestimmt werden:

In Klausuraufgaben ist λ zumeist schon gegeben. Für das zuvor betrachtete Beispiel sei angenommen, dass $\lambda=0{,}4$ gegeben sei. Der Präferenzwert, der gewöhnlich mit dem griechischen Buchstaben Φ (Phi) bezeichnet wird, ist nachfolgend jeweils in der letzten Spalte berechnet;

	z_1	z_2	z_3	z_4	Max	Min	$\Phi(a_i)$
a_1	60	30	50	60	60	30	$0{,}4*60 + 0{,}6*30 = 42$
a_2	10	10	10	140	140	10	$0{,}4*140 + 0{,}6*10 = \mathbf{62}$
a_3	-30	100	120	130	130	-30	$0{,}4*130 + 0{,}6*(-30) = 34$

Somit entscheidet man sich nach der Hurwicz-Regel mit einem Optimismusparameter von 0,4 für die Alternative 2.

Intention der Regel:

Die Regel versucht ein Entscheidungskriterium für Entscheider, die weder absolut optimistisch noch absolut pessimistisch sind, anzubieten. Hierzu werden quasi die Maximin- und Maximax-Regel entsprechend dem Optimismusparameter gemischt.

Kritik:

Auch diese Regel berücksichtigt nur 2 Werte für jede Alternative. Daher lassen sich auch für diese Regel Beispiele konstruieren, bei denen die Entscheidung nach dieser Regel extrem abwegig erscheint:

	z_1	z_2	z_3	z_4	Min	Max
a_1	1.000.000	1.000.000	1.000.000	0,99	0,99	1.000.000
a_2	1.000.001	1	1	1	1	1.000.001

Da bei der Alternative 2 sowohl das Minimum als auch das Maximum größer als bei der Alternative 1 ist, wird man sich nach der Hurwicz-Regel unabhängig von dem Wert für λ immer für Alternative 2 entscheiden.

4.5 Savage-Niehans-Regel

Diese Regel wird auch "Regel des kleinsten Bedauerns" genannt.

Intention der Regel:

Jeder kennt sicher die Situation, dass er sich für eine Alternative entschieden hat und dann später, nachdem er die "Zukunft" kennt, seine alte Entscheidung bedauert. Die Savage-Niehans-Regel versucht das maximal mögliche Bedauern zu minimieren. Sie macht somit insbesondere für Menschen, die dazu neigen, ihre Entscheidungen ständig im Nachhinein zu bedauern, einen gewissen Sinn.

Vorgehen:

Zunächst muss eine Matrix des Bedauerns aufgestellt werden. Hierzu werden zunächst in jeder Spalte, also für jeden Umweltzustand, die Maxima ermittelt, denn das Bedauern, wenn dieser Umweltzustand eintritt, ist die Differenz zu dem Wert, den man bei diesem Umweltzustand maximal hätte erreichen können. Nachfolgend sind die Spaltenmaxima fett hervorgehoben:

	z_1	z_2	z_3	z_4
a_1	**60**	30	50	60
a_2	10	10	10	**140**
a_3	-30	**100**	**120**	130

Die Bedauernsmatrix ergibt sich nun, indem jeweils von dem Spaltenmaximum der jeweilige Wert abgezogen wird. In der ersten Spalte der nachfolgenden Bedauernsmatrix ist die Rechnung jeweils ausführlich geschrieben:

		z_1	z_2	z_3	z_4
a_1	60 - 60 =	0	70	70	80
a_2	60 - 10 =	50	90	110	0
a_3	60 - (-30) =	90	0	0	10

Natürlich muss auf diese Weise an der Stelle, wo das Spaltenmaximum steht, immer eine Null entstehen. Nun wird für jede Alternative das maximale Bedauern, also das Zeilenmaximum, bestimmt. Die Entscheidung fällt dann zugunsten der Alternative mit dem minimalen maximalen Bedauern aus.

	z_1	z_2	z_3	z_4	Max
a_1	0	70	70	80	**80**
a_2	50	90	110	0	110
a_3	90	0	0	10	90

Die Alternative beinhaltet also mit einem Wert von 80 das minimale maximale Bedauern.

Anmerkung: Statt, wie zuvor geschehen, jeweils von dem Spaltenmaximum den jeweiligen Wert abzuziehen, könnte man auch von dem jeweiligen Wert das Spaltenmaximum abziehen. Somit würden sich in der Bedauernsmatrix negative Werte ergeben, die ausdrücken, dass das Bedauern etwas Negatives ist. In diesem Fall müsste man sich jeweils das Spaltenminimum heraussuchen und dann die Alternative mit dem maximalen Spaltenminimum wählen.

Kritik:

Bezüglich der Bedauernsmatrix beruht die Entscheidung auf den Prinzipien des Minimax-Kriteriums.[1] Daher werden auch bei diesem Kriterium nicht alle Informationen verwertet, und es drückt letztendlich eine pessimistische Entscheidung aus.

Ein weiterer besonderer Kritikpunkt tritt bei dem Savage-Niehans-Kriterium auf, weil die Rangfolge zwischen zwei Alternativen sich durch das Hinzufügen einer dritten Alternative verändern kann. Dies wird nachfolgend an einem Beispiel gezeigt:

Es seien zunächst die beiden folgenden Alternativen gegeben:

	z_1	z_2	z_3	z_4
a_1	1.000	1.000.000	1.000.000	1.000.000
a_2	1.001	0	0	0

Somit ergibt sich folgende Bedauernsmatrix mit den entsprechenden Zeilenmaxima:

	z_1	z_2	z_3	z_4	Max
a_1	1	0	0	0	**1**
a_2	0	1.000.000	1.000.000	1.000.000	1.000.000

Die Entscheidung nach dem Savage-Niehans-Kriterium fällt somit zugunsten der Alternative 1 aus. Nun sei angenommen, dass sich für den Entscheider zusätzlich eine dritte Möglichkeit a_3 ergibt, so dass er vor

1: Man kann auf die Bedauernsmatrix natürlich auch andere Kriterien als das extrem pessimistische Maximin-Kriterium anwenden. Auf diese Möglichkeiten soll hier aber nicht näher eingegangen werden. Siehe hierzu z.B. Bitz: Entscheidungstheorie.

folgender Entscheidungssituation steht:

	z_1	z_2	z_3	z_4
a_1	1.000	1.000.000	1.000.000	1.000.000
a_2	1.001	0	0	0
a_3	2.000.000	-1.000.000	-1.000.000	-1.000.000

Nun ergibt sich folgende Bedauernsmatrix:

	z_1	z_2	z_3	z_4	Max
a_1	1.999.000	0	0	0	1.999.000
a_2	1.998.999	1.000.000	1.000.000	1.000.000	**1.998.999**
a_3	0	2.000.000	2.000.000	2.000.000	2.000.000

Somit fällt die Entscheidung nun zugunsten der Alternative 2 aus. Allein aufgrund der zusätzlichen Alternative a_3 wird also statt der Alternative a_1 die Alternative a_2 gewählt.

Die Absurdität dieser Entscheidung wird einem am besten klar, wenn man die Alternativen in dem Beispiel mit konkreten Handlungen verbindet:

Es sei also angenommen, ein Student überlegt, ob er heute Abend ins Schwimmbad (a_1) oder Joggen (a_2) geht. Wie es ihm jeweils gefällt, hängt vom Wetter ab und wird durch die 4 Umweltzustände (z_1 - z_4) beschrieben. Die Werte in der gegebenen Tabelle seien die entsprechenden Nutzenwerte für die jeweilige Aktion bezüglich des jeweiligen Wetterzustandes. Wie zuvor beschrieben, entscheidet sich der Student fürs Schwimmen (a_1). Als er mit seiner Freundin telefoniert, teilt er ihr mit, dass er heute Abend Schwimmen gehen wird. Darauf schlägt diese ihm vor, dass man doch auch heute Abend gemeinsam draußen Grillen (a_3) könnte. Worauf unser "Savage-Niehans-Student" antwortet: Dann gehe ich heute Abend Joggen!

4.6 Laplace-Kriterium

Bei dem Laplace-Kriterium wird für jede Alternative der Durchschnitt aller Umweltzustände gebildet.

Intention der Regel:

Da bei Entscheidungen unter Ungewissheit den Zuständen keine Wahrscheinlichkeiten zugeordnet sind, geht Laplace davon aus, dass es keinen Grund gibt anzunehmen, dass ein bestimmter Umweltzustand wahrscheinlicher als ein anderer ist. Somit sei davon auszugehen, dass alle Zustände gleich wahrscheinlich sind, mit der Wahrscheinlichkeit p = 1/n. Diese These wird auch **Prinzip des mangelnden Grundes** genannt.

In dem Beispiel sind 4 Umweltzustände vorhanden, so dass jeder Umweltzustand mit 1/4 gewertet werden muss. Am einfachsten bildet man hierzu die Summe aller Werte der Alternative und teilt dann durch 4:

	z_1	z_2	z_3	z_4	$\Phi(a_i)$
a_1	60	30	50	60	(60+30+50+60) / 4 = 50
a_2	10	10	10	140	(10+10+10+140) / 4 = 42,5
a_3	-30	100	120	130	(-30+100+120+130)/4= **80**

Der höchste Präferenzwert ergibt sich somit bei der Alternative a_3. Die Entscheidung fällt nach dem Laplace-Kriterium also zugunsten der Alternative a_3 aus.

Natürlich ist es für die Entscheidungsfindung irrelevant, ob man bei den Präferenzwerten jeweils durch 4 teilt oder bei allen Werten darauf verzichtet. Man kann also beim Laplace-Kriterium auch einfach die Werte jeder Zeile addieren und die Ergebnisse dann vergleichen.

Kritik:

Zunächst kann man festhalten, dass sich bei dem behandelten Beispiel die meisten wohl tatsächlich für die Alternative a_3 entscheiden würden, denn sie bietet im Durchschnitt am meisten. Genau dies wird auch vom Laplace-Kriterium zur Grundlage der Entscheidung gemacht. Bei den anderen Kriterien fiel die Entscheidung hingegen zugunsten der Alternativen 1 und 2 aus.

Aber es gibt auch hier zwei Kritikpunkte:

1. Es erscheint etwas gewagt, einfach alle Umweltzustände als gleich wahrscheinlich zu betrachten. Hierdurch wird die Erfassung der Umweltzustände für die Entscheidung maßgeblich. Wenn sich z.B. für zwei Umweltzustände die gleichen Werte für die Alternativen ergeben, so liegt es nahe, die beiden Umweltzustände zu einem einzigen Zustand zusammenzufassen. Hierdurch kann aber die Entscheidung nach dem Laplace-Kriterium beeinfluss werden. Sie ist also nicht unabhängig vom Weglassen oder Hinzufügen identischer Spalten.
2. Wenn man die Unterstellung für Gleichwahrscheinlichkeit akzeptiert, so entspricht das Laplace-Kriterium dem μ-Kriterium bei Risikosituationen. Es wird die Alternative mit dem höchsten Erwartungswert (μ) gewählt. Wie in dem nachfolgenden Abschnitt für Entscheidungen unter Risiko gezeigt wird, ist das μ-Kriterium aber nur für risikoneutrale Entscheidungsträger rational. In dem in diesem Abschnitt betrachteten Beispiel mag manch einer vor der Alternative a_3 zurückschrecken, weil diese ihm im ungünstigsten Fall einen Verlust von -30 beschert.

4.7 Rationalität der Entscheidungsregeln

Die Entscheidungen fielen für das betrachtete Beispiel je nach Entscheidungsregel sehr unterschiedlich aus:

Entscheidungsregel	Optimal-Alternative
Maximin	a_1
Maximax	a_2
Hurwicz (λ=0,4)	a_2
Savage-Niehans	a_1
Laplace	a_3

Natürlich können auch in bestimmten Fällen alle Entscheidungsregeln zu der gleichen Entscheidung führen, aber im Allgemeinen ist dies, wie in dem betrachteten Beispiel, nicht der Fall. Man könnte nun versucht sein, aus dieser Uneindeutigkeit auf den Unsinn der Regeln zu schließen. Dies ist aber nicht möglich. Denn es ist ja denkbar, dass die Regeln jeweils für einen bestimmten Typ von Entscheidungsträgern richtig sind. Beispielsweise ist das Maximin-Kriterium für einen absolut risikoscheuen und das Maximax-Kriterium für einen absolut risikofreudigen Entscheidungsträger die richtige Regel. Aber eine derartige Übereinstimmung lässt sich nur für die beiden beschriebenen Extremfälle finden. Daher deuten die Unterschiede in der Entscheidungsfindung tatsächlich auf Mängel der Kriterien hin.

Man kann versuchen, allgemeine Rationaltitätsanforderungen an eine Entscheidung unter Ungewissheit aufzustellen, und die einzelnen Entscheidungsregeln dann anhand dieses Kataloges überprüfen. Einen derartigen Katalog von 10 Rationalitätsaxiomen hat Milnor aufgestellt.

Einige der Axiome enthalten selbstverständlich erscheinende Bedingungen, die von den zuvor betrachteten Entscheidungsregeln auch eingehalten werden. Nachfolgend werden 4 der Axiome aufgeführt, bezüglich derer die betrachteten Entscheidungsregeln Probleme bereiten:

1. Addition zu einer Spalte
   Die Präferenzrelation soll sich nicht ändern, wenn zu einer bestimm-

ten Spalte ein konstanter Betrag addiert oder subtrahiert wird.

2. Zeilen hinzufügen
   Die Präferenzrelation zwischen zwei beliebigen Alternativen soll unverändert bleiben, wenn eine andere Alternative hinzugefügt (Zeilen hinzufügen) oder entfernt wird.
3. Dominanz
   Wird eine Alternative von einer anderen Alternative dominiert, so kann diese Alternative nicht optimal sein.
4. Streichung einer identischen Spalte
   Die Präferenzrelation soll zwischen zwei beliebigen Alternativen unverändert bleiben, wenn zwei Umweltzustände mit identischen Ergebniswerten zu einem Umweltzustand zusammengefasst werden.

Die **Maximin-**, **Maximax- und Hurwicz-Regel** verstoßen gegen die Axiome 1 und 3 dieser Auflistung. Wird zu einer Spalte ein gewisser Betrag addiert, so können sich hierdurch für bestimmte Alternativen neue Maxima und Minima ergeben. Daher kann sich bei den aufgeführten Kriterien, die nur die Minima oder/und Maxima in die Entscheidung einfließen lassen, die Präferenzrelation ändern.

Weiterhin ist bei diesen Regeln eine Alternative, die bezüglich der Maxima oder/und Minima mit einer optimalen Alternative identisch ist, aber von der optimalen Alternative dominiert wird (sie ist mindestens bezüglich eines Wertes besser), ebenfalls optimal.

Die **Savage-Niehans-Regel** verstößt gegen das Axiom 2. Dieses wurde im Rahmen der Kritik an dieser Regel an einem Beispiel gezeigt.

Die **Laplace-Regel** verletzt Axiom 4. Auch dieses wurde im Rahmen der Kritik der Laplace-Regel näher erläutert.

Keine der Regeln erfüllt also alle Rationalitätsanforderungen.

4.8 Abschließende Bewertung

Lediglich in dem Fall, in dem eine Alternative alle anderen Alternativen dominiert, kann unter Ungewissheit eine Entscheidung gefällt werden, die gegen keine der sinnvollerweise zu stellenden Rationalitätsanforderungen verstößt. In allen anderen Fällen können zwar die verschiedenen Entscheidungsregeln angewendet werden, aber die sich hierbei ergebenden Ergebnisse sind im Allgemeinen nicht befriedigend.

Nach welcher Regel sollte man sich nun entscheiden?

Bisweilen wird empfohlen, bei der Auswahl der Umweltzustände Wiederholungsspalten in der Matrix zu vermeiden und dann das Laplace-Kriterium anzuwenden.

Es dürfte aber ein anderes Verfahren sinnvoller sein:

Man bildet sich subjektive Wahrscheinlichkeiten für die Umweltzustände und überführt auf diese Weise die Entscheidungssituation in eine Entscheidung unter Risiko. Dieses Verfahren hat zwei Vorteile gegenüber der zuvor angeführten Anwendung des Laplace-Kriteriums.

1. Bei dem Laplace-Kriterium wird gewissermaßen die Gleichwahrscheinlichkeit der Umweltzustände unterstellt.
   Obwohl man in einer Entscheidungssituation unter Ungewissheit den Umweltzuständen zunächst keine Wahrscheinlichkeiten zuordnen kann, so mag es doch eine Wahrscheinlichkeitsverteilung geben, die die subjektiven Einschätzungen des Entscheidungsträgers besser widerspiegelt als die bei dem Laplace-Kriterium unterstellte Gleichwahrscheinlichkeit. Es kann also nichts schaden, verschiedene Wahrscheinlichkeitsverteilungen miteinander zu vergleichen und sich dann für die zu entscheiden, die einem "am wenigsten falsch" erscheint.
2. Wie im nächsten Abschnitt gezeigt wird, kann bei Entscheidungen unter Risiko die Risikoeinstellung des Entscheiders mit berücksichtigt werden. Bei dem Laplace-Kriterium wird hingegen stets der Spezialfall der Risikoneutralität unterstellt. Selbst wenn man also bei der subjektiven Schätzung der Wahrscheinlickeiten auch bei der Gleichwahrscheinlichkeit der Umweltzustände landet, so wird sich im Allgemeinen dennoch eine fundiertere Entscheidung als aufgrund des Laplace-Kriteriums ergeben, weil nun die Risikoeinstellung bei den Entscheidungen mit berücksichtigt werden kann.

5 Entscheidung unter Risiko

5.1 Einführung

Es sei zunächst das anfangs betrachtete Beispiel mit der Umgehungsstraße noch einmal aufgegriffen:

	z_1 (keine Umgehungsstraße) $p_1 = 0{,}7$	z_2 (Umgehungsstraße) $p_2 = 0{,}3$
a_1 (Stadtzentrum)	125.000,-	125.000,-
a_2 (Stadtrand)	150.000,-	80.000,-

In dem Kopf der Spalten der Ergebnismatrix sind nun zusätzlich die Wahrscheinlichkeiten für den jeweiligen Zustand aufgeführt. An dieser Stelle sei noch einmal betont, dass es für das weitere Vorgehen vollkommen egal ist, ob es sich um objektive (statistische oder mathematische) oder subjektive Wahrscheinlichkeiten handelt.

Der nächstliegende Gedanke in einer derartigen Situation ist sicherlich, einfach die Erwartungswerte (μ) der Alternativen auszurechnen und sich dann für die Alternative mit dem höchsten Erwartungswert zu entscheiden. Dieses Verfahren nennt man auch μ-Prinzip oder Bayes-Regel und es wird nachfolgend als erstes behandelt. Allerdings zeigt sich, dass die Entscheidung nach dem μ-Prinzip nur bei unendlich wiederholten Entscheidungen oder risikoneutralen Entscheidungsträgern rational ist.

Anschließend an das μ-Prinzip wird das Bernoulli-Prinzip behandelt. Dieses Prinzip erweitert gewissermaßen das μ-Prinzip um die Berücksichtigung der Risikoeinstellung. Es ist das wichtigste Entscheidungsprinzip.

Schließlich wird noch auf die $\mu\sigma$-Regeln eingegangen. Diese stellen auch eine Erweiterung des μ-Prinzips um die Risikoeinstellung des Entscheidungsträgers dar. Sie finden insbesondere in der Portefeuille-Theorie ihre Anwendung.

5.2 μ-Kriterium/Bayes-Regel

Der Erwartungswert ist der Wert, der sich als Mittelwert ergibt, wenn man die Situation unendlich oft wiederholen würde. Man berechnet den Erwartungswert (abgekürzt: E(x) bzw. $E(e_{ij})$ oder μ) der Alternative, indem die Ergebniswerte mit der zugehörigen Wahrscheinlichkeit multipliziert und die sich so ergebenden Werte dann addiert werden. Für das in der Einführung angeführte Beispiel ergibt sich:

	z_1 $p_1 = 0{,}7$	z_2 $p_2 = 0{,}3$	μ (Erwartungswert)	
a_1	125.000	125.000	0,7∗125.000 + 0,3∗125.000 =	125.000
a_2	150.000	80.000	0,7∗150.000 + 0,3∗80.000 =	**129.000**

Die Alternative 2 hat also den höheren Erwartungswert und würde somit nach dem μ-Prinzip ausgewählt werden. Formal ergibt sich für die Berechnung des Präferenzwertes bei dem μ-Prinzip:

$$\Phi(a_i) = \sum_{j=1}^{n} p_j * e_{ij}\,,$$

wobei n die Anzahl der Umweltzustände darstellt.

Für das zuvor betrachtete Beispiel mag sich jeder einmal selbst überlegen, ob er sich auch für die Alternative 2 entscheiden würde. Viele würden wahrscheinlich, obwohl die Alternative 2 den höheren Erwartungswert hat, die Alternative 1 wählen, denn bei dieser hat man 125.000,- sicher, während man bei der Alternative 2 im ungünstigsten Fall (z_2) lediglich 80.000,- erhält. Entscheidungsträger, die sich derart für eine Alternative mit einem niedrigeren Erwartungswert entscheiden, weil diese mehr Sicherheit bringt, nennt man **risikoscheu**.

Wenn ein Entscheidungsträger seine Entscheidungen nur an dem Erwartungswert, also dem erwarteten mittleren Gewinn, orientiert, so nennt man ihn **risikoneutral**. Einem risikoneutralen Entscheidungsträger ist es vollkommen egal, wie stark die Ergebnisse schwanken, denn er orientiert sich nur an dem Erwartungswert.

Einen Entscheidungsträger, der auf einen höheren Erwartungswert zugunsten einer größeren Streuung der Ergebnisse verzichtet, nennt man **risikofreudig**. Risikofreudiges Verhalten ist das genaue Gegenteil zu risikoscheuem Verhalten. Ein typisches Beispiel für einen risikofreudigen Entscheidungsträger ist der Lottospieler. Er verzichtet auf seinen Einsatz von 1,- EUR zugunsten eines Lotterieloses, das einen Erwartungswert von 0,50 EUR erbringt (beim Lotto werden gerade 50% der Einnahmen wieder ausgeschüttet).

Aus den bisherigen Ausführungen geht hervor, dass lediglich der risikoneutrale Entscheidungsträger sich nach dem μ-Prinzip entscheidet. Per definitionem kann dieses Kriterium für einen risikoscheuen oder risikofreudigen Entscheidungsträger nicht das richtige Kriterium sein, denn für diese sind zwei Alternativen mit gleichem Erwartungswert, aber unterschiedlicher Streuung der Ergebnisse keinesfalls gleichwertig, wie es sich beim μ-Kriterium ergibt.

Lediglich wenn bestimmte Entscheidungen sehr oft wiederholt werden, kann das μ-Kriterium für nicht risikoneutrale Entscheidungsträger eine brauchbare Lösung bieten. Bei unendlicher Wiederholung des gleichen Zufallsprozesses geht nach dem **Gesetz der großen Zahl** die erwartete relative Abweichung gegen Null. Daher liefert das μ-Kriterium im idealtypischen Fall einer unendlichen Wiederholung eine brauchbare Lösung für alle Entscheidungsträger, unabhängig von ihrer Risikoeinstellung.

Somit kann das μ–Kriterium beispielsweise für die Entscheidungen von nicht so großer Tragweite in einem großen Unternehmen eine vernünftige Entscheidungsgrundlage selbst dann bieten, wenn die Eigentümer risikoscheu sind. Denn durch die Vielzahl der Entscheidungen, die sich im Laufe der Zeit ergeben, mitteln sich die guten und schlechten Ergebnisse, so dass die gesamte relative Abweichung gering wird.

Als Argument gegen das μ-Prinzip wurde auch das **Petersburger-Paradoxon** angeführt. Das diesem Paradoxon zugrunde liegende Spiel wird in der nachfolgenden Skizze beschrieben:

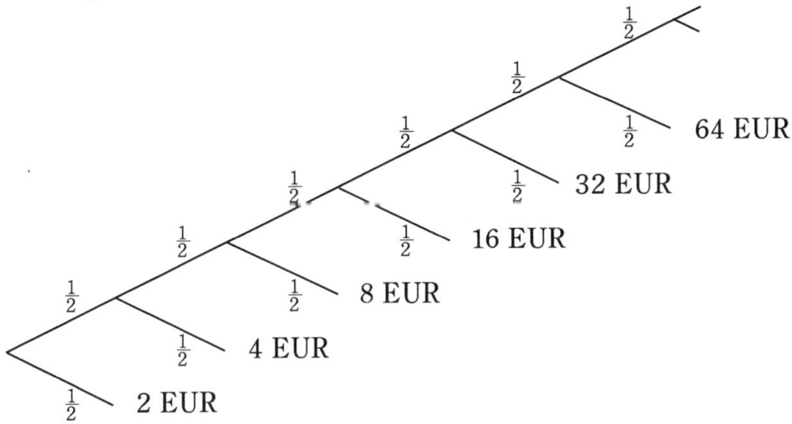

Das Spiel beginnt ganz "links". Es wird eine Münze geworfen, bei "Kopf" bekommt man 2 EUR und das Spiel ist beendet. Bei "Zahl" geht das Spiel weiter, nun wird die Münze erneut geworfen. Wenn jetzt "Kopf" fällt, erhält man 4 EUR und bei "Zahl" geht das Spiel wiederum weiter. Es wird dann wieder geworfen und bei "Kopf" erhält man nun 8 EUR, während das Spiel bei Zahl wieder weitergeht. Auf die gleiche Weise geht das Spiel weiter, bis das erste Mal "Kopf" fällt. Die Auszahlung, die sich bei "Kopf" ergibt, verdoppelt sich von Runde zu Runde. In der Zeichnung ist das Spiel bis zur 6. Runde dargestellt. Natürlich kann im Prinzip immer wieder "Zahl" fallen, so dass der Spielbaum unendlich fortgesetzt werden kann. Es wird angenommen, dass es sich um ideale Münzwürfe handelt, die Wahrscheinlichkeiten für "Kopf" und "Zahl" also jeweils $\frac{1}{2}$ sind. Um den Erwartungswert des Spiels zu berechnen, muss jede mögliche Auszahlung mit der zugehörigen Eintrittswahrscheinlichkeit multipliziert werden. Damit das Ergebnis 8 EUR ist, muss z. B. zunächst zweimal "Zahl" und dann einmal "Kopf" fallen, also ergibt sich die Wahrscheinlichkeit

$$\frac{1}{2} * \frac{1}{2} * \frac{1}{2} = \frac{1}{8}.$$

Bei der Berechnung des Erwartungswertes müssen die einzelnen Wahrscheinlichkeiten nun mit der zugehörigen Wahrscheinlichkeit multipliziert und die sich ergebenden Werte addiert werden. Hierbei ergibt sich:

$$\frac{1}{2} * 2 \text{ EUR} + \frac{1}{4} * 4 \text{ EUR} + \frac{1}{8} * 8 \text{ EUR} + \frac{1}{16} * 16 \text{ EUR} + \ldots$$

Wie man deutlich sehen kann, liefert jeder Ergebniswert einen Beitrag von 1 EUR zum Erwartungswert. Da das Spiel unendlich lange laufen kann, müssen aber unendlich viele Werte addiert werden. Für den Erwartungswert ergibt sich also $\infty * 1$ EUR = ∞ EUR. Ein Entscheidungsträger, der sich nach dem μ-Prinzip entscheidet, müsste also für dieses Spiel jeden nur denkbaren Betrag bezahlen, denn der Wert, den er dem Spiel beimisst, lautet ∞ EUR. Es wird aber niemand unendlich viel Geld für dieses Spiel ausgeben, vermutlich wird kaum jemand mehr als 50 EUR für die Teilnahme an diesem Spiel bezahlen, auch ein risikoneutraler Entscheidungsträger nicht.

In der Literatur wird das Petersburger-Paradoxon häufig als prinzipieller Einwand gegen die Gültigkeit des μ-Prinzips angeführt. Diese Sicht ist aber unzutreffend. Das Petersburger-Paradoxon stellt eines von vielen Paradoxen dar, die auftreten, wenn man in unserer endlichen Welt mit dem Begriff unendlich operiert. Die Spielbank, bei der man das Spiel spielt, müsste ein unendliches Vermögen haben, dies trifft aber nie zu. Angenommen die Spielbank wollte zumindest für die ersten 50 Runden die Auszahlung garantieren. Sie müsste dann ein Vermögen haben, das auch für die fünfzigste Runde den Auszahlungsbetrag deckt. Da sich die Auszahlungen von Runde zu Runde verdoppeln, entspricht dieser Betrag 2^{50} EUR = 1.126 Billionen EUR.

Also selbst bei einer derartig gigantischen Summe, die das gesamte in der Bundesrepublik vorhandene Vermögen deutlich übersteigt, könnte die Spielbank nach der 50. Runde nicht mehr alles bezahlen. Die ersten 50 Runden würden bei der Bildung des Erwartungswertes weiterhin je 1 EUR beitragen. Für den Erwartungswert ab der 51. Runde bei den auf 1126 Billionen EUR beschränkten Auszahlungen ergibt sich insgesamt 1 EUR.[1] Für den Erwartungswert ergibt sich somit in diesem Fall insge-

1: Die Zahlungen ab der 51. Runde stellen sich als geometrische Reihe dar, und man kann den Wert ausrechnen. Man kann aber auch folgende Überlegung anstellen: Um in die 51. Runde zu kommen, muß 50 mal "Zahl" gefallen sein. Die Wahrscheinlichkeit hierfür ist also $1/2^{50}$. Das Spiel kann nun zwar unendlich weitergehen, aber man erhält, egal wann es abbricht, nur das vorhandene Vermögen der Spielbank von 2^{50} EUR. Somit tragen alle Runden ab der 51. Runde folgenden Betrag zum Erwartungswert bei: $1/2^{50} * 2^{50}$ EUR = 1 EUR.

samt 51 EUR (50 EUR aus den ersten 50 Runden und 1 EUR für den Rest). Somit kann das μ-Prinzip keinesfalls durch das Petersburger-"Paradoxon" widerlegt werden.

Abschließend kann festgehalten werden:

Für risikoneutrale Entscheidungsträger ist eine Entscheidung nach dem μ-Kriterium rational.

Darüber hinaus liefert das μ-Kriterium bei oft wiederholten Entscheidungen bzw. Entscheidungen, deren Tragweite in Relation zum eigenen Vermögen nur klein ist, brauchbare Ergebnisse. Der Vorteil gegenüber anderen Verfahren, insbesondere dem nachfolgend behandelten Bernoulli-Prinzip, liegt in seiner einfachen Anwendbarkeit.

Nachfolgend sei für das μ-Kriterium noch ein Beispiel angeführt. Es sei folgende Ergebnismatrix gegeben:

	z_1 $p_1 = 0{,}5$	z_2 $p_2 = 0{,}2$	z_3 $p_3 = 0{,}3$
a_1	30	20	20
a_2	140	-40	-30
a_3	40	10	60

Für die Erwartungswerte der Alternativen ergibt sich:

	z_1 0,5	z_2 0,2	z_3 0,3	$\Phi(a_i) = \mu$	
a_1	30	20	20	$0{,}5*30 + 0{,}2*20 + 0{,}3*20 =$	25
a_2	140	-40	-30	$0{,}5*140 + 0{,}2*(-40) + 0{,}3*(-30) =$	**53**
a_3	40	10	60	$0{,}5*10 + 0{,}2*10 + 0{,}3*60 =$	40

Nach dem μ-Kriterium fällt die Entscheidung somit zugunsten der Alternative 2 aus.

5.3 Bernoulli-Prinzip

5.3.1 Grundlagen

Wenn man die Ergebnismatrix des zuvor betrachteten Beispiels anschaut, so fällt auf, dass die Ergebnisse bei der nach dem μ-Prinzip gewählten Alternative a_2 sehr stark schwanken. Wenn ein Entscheidungsträger sehr risikoscheu ist, so würde er sicherlich die Ergebnisse für z_2 (-40) und z_3 (-30) bei der Alternative a_2 scheuen und aufgrund der höheren Sicherheit eher die Alternative 1 oder 3 wählen. Wie kann man nun derartige Risikoeinstellungen bei der Entscheidungsfindung berücksichtigen?

Das Bernoulli-Prinzip bietet hierfür folgenden Ansatz:

Für einen Entscheidungsträger ist nicht der Auszahlungsbetrag der verschiedenen Alternativen von Bedeutung, sondern vielmehr der ihm aus diesem Auszahlungsbetrag entstehende Nutzen. Nun wird aber in der Regel ein abnehmender Grenznutzen des Geldes unterstellt. Dieser Annahme liegt die Überlegung zugrunde, dass jemand, der sehr wenig Geld hat, eine zusätzliche Mark sehr viel mehr schätzt als der Millionär. Mittels der Nutzenfunktion kann dieser Zusammenhang ausgedrückt werden. Nachfolgend ist ein typischer Verlauf für eine derartige Nutzenfunktion angegeben:

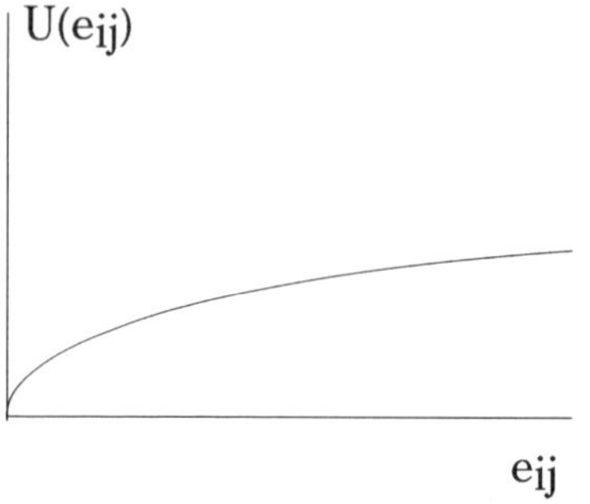

Die Rechtskrümmung der Nutzenfunktion drückt den abnehmenden Grenznutzen des Geldes aus.

Die Grundidee des Bernoulli-Prinzips ist es nun, den Erwartungswert nicht von den Ergebniswerten, sondern von den Nutzenwerten zu berechnen und diesen dann als Präferenzwert zu betrachten. Hierzu muss natürlich erst einmal eine Nutzenfunktion des Entscheidungsträgers bekannt sein. Zur Bestimmung einer derartigen Nutzenfunktion ist die sogenannte Bernoulli-Befragung, die später näher erläutert wird, das geeignete Mittel. Bei der **Bernoulli-Befragung** gehen auch Risikoaspekte in die Auswertung mit ein. Daher nennt man die hierbei entstehende Nutzenfunktion **Risi-**

ko-Nutzen-Funktion (RNF).

Die zuvor dargestellte Idee des abnehmenden Grenznutzens des Geldes drückt lediglich die **Höhenpräferenz** des Entscheidungsträgers aus. In der RNF gehen hingegen auch die **Risikopräferenzen** des Entscheidungsträgers mit ein. Allerdings ist dieser Sachverhalt in der Literatur umstritten, und eine ausführliche Darstellung würde den Rahmen dieser Ausarbeitung sprengen.[1] Für die weiteren Ausführungen ist die Frage, ob die RNF zusätzlich eine Riskopräferenz berücksichtigt, nicht von entscheidender Bedeutung. Im Folgenden wird manchmal statt von der Risiko-Nutzen-Funktion einfach nur von der Nutzenfunktion (U) gesprochen, gemeint ist stets das Gleiche.

Nachfolgend sei für das am Ende des Abschnitts zum μ-Prinzip betrachtete Beispiel folgende Risiko-Nutzen-Funktion gegeben:

$$u(e_{ij}) = 300e_{ij} - e_{ij}^2 \qquad \text{für } e_{ij} \leqq 150$$

Die Ergebnismatrix hatte folgende Gestalt:

	z_1 $p_1 = 0{,}5$	z_2 $p_2 = 0{,}2$	z_3 $p_3 = 0{,}3$
a_1	30	20	20
a_2	140	-40	-30
a_3	40	10	60

Für die Entscheidungsfindung nach dem Bernoulli-Prinzip ist es nun sinnvoll, zunächst die Nutzenmatrix (man nennt diese Matrix auch Entscheidungsmatrix[2]) aufzustellen. Hierzu werden die einzelnen Ergebniswerte mittels der RNF in Nutzenwerte umgerechnet.

1: Vgl. Bitz, Michael (1981): Entscheidungstheorie und Bamberg, G.; Coenenberg, A. G. (1994): Betriebswirtschaftliche Entscheidungslehre.

2: In dem Namen drückt sich aus, dass die Entscheidungsmatrix die eigentlichen entscheidungsrelevanten Daten, nämlich die Nutzenwerte, beinhaltet.

Es ergibt sich die folgende Nutzen- oder Entscheidungsmatrix:

	z_1 0,5	z_2 0,2	z_3 0,3
a_1	8.100	5.600	5.600
a_2	22.400	-13.600	-9.900
a_3	10.400	2.900	14.400

Nun muss für die einzelnen Alternativen der Erwartungsnutzen $E(u(e_{ij}))$ bestimmt werden. Da in der Matrix schon Nutzenwerte stehen, stellt sich die Berechnung nun genauso wie beim μ-Prinzip dar: Die Nutzenwerte müssen mit den Wahrscheinlichkeiten gewichtet und dann addiert werden:

	z_1 0,5	z_2 0,2	z_3 0,3	$\Phi(a_i) = E(u(e_{ij}))$	
a_1	8.100	5.600	5.600	8.100∗0,5 + 5.600∗0,2 + 5.600∗0,3 =	6.850
a_2	22.400	-13.600	-9.900	22.400∗0,5 + (-13.600)∗0,2 + (-9.900)∗0.3=	5.510
a_3	10.400	2.900	14.400	10.400∗0,5 + 2.900∗0,2 + 14.400∗0,3 =	10.100

Somit hat die Alternative 3 den höchsten Erwartungsnutzen, und der Entscheider würde diese nach dem Bernoulli-Prinzip wählen. Da der Entscheider auf den hohen Erwartungswert der Alternative 2 (μ = 53) zugunsten der Alternative 3 (μ = 40) verzichtet, weil die Ergebnisse bei der Alternative 2 unsicherer sind, ist er **risikoscheu**.

Nachfolgend sei zunächst ein weiteres Beispiel zur Anwendung des Bernoulli-Prinzips gegeben:

Ein Landwirt überlegt, ob er im nächsten Jahr Weizen oder Erdbeeren anbauen soll. Die Erdbeeren würden bewässert werden, so dass ihnen Trockenheit nichts ausmacht. Der Weizen würde hingegen unter starker Trockenheit sehr leiden. Für das Entscheidungsproblem ist folgende Ergebnismatrix gegeben:

Wetter	heiß/trocken 0,1	mild/trocken 0,3	mild/feucht 0,6
Weizen	1.600	3.600	10.000
Erdbeeren	12.100	8.100	6.400

Die Werte in der Matrix stellen den jeweils zu erzielenden Gewinn dar. Nicht nur die angegebenen Wahrscheinlichkeiten beruhen auf der seit Generationen gesammelten Erfahrung, sondern es ist auch seit Jahrhunderten in der Familie des Landwirts üblich, bei derartigen Entscheidungsproblemen folgende Risiko-Nutzen-Funktion anzuwenden:

$$RNF(e_{ij}) = \sqrt{e_{ij}}$$

Für welche Alternative wird der Landwirt sich entscheiden?

Zur Lösung dieser Aufgabe wird zunächst die Nutzenmatrix berechnet. Es ergibt sich:

Wetter	heiß/trocken 0,1	mild/trocken 0,3	mild/feucht 0,6
Weizen	40	60	100
Erdbeeren	110	90	80

Für den Erwartungsnutzen ergibt sich jeweils:

Weizen: $E(RNF(e_{ij})) = 0{,}1 * 40 + 0{,}3 * 60 + 0{,}6 * 100 = 82$

Erdbeeren: $E(RNF(e_{ij})) = 0{,}1 * 110 + 0{,}3 * 90 + 0{,}6 * 80 = 86$

Somit ergibt sich der höhere Erwartungsnutzen bei den Erdbeeren und der Landwirt wird diese anbauen.

Das Bernoulli-Prinzip kann auch aus bestimmten Axiomen hergeleitet werden. Auf diesen Sachverhalt wird später näher eingegangen. Allgemein liefert das **Bernoulli-Prinzip** folgende Anleitung für die Entscheidungsfindung:

> **Wähle die Alternative, für die sich der größte Erwartungsnutzen ergibt.**
> Im Falle einer gegebenen Risiko-Nutzen-Funktion müssen also zunächst die Ergebniswerte in Nutzenwerte umgerechnet und anschließend der Erwartungswert dieser Nutzenwerte bestimmt werden.

5.3.2 Sicherheitsäquivalent

Ein besonders wichtiger Begriff in der Entscheidungstheorie ist das **Sicherheitsäquivalent** (SÄ).

> **Das Sicherheitsäquivalent ist der sichere Betrag, der dem Entscheidungsträger gleichwertig mit der betrachteten Alternative ist.**

Angenommen, bei dem vorherigen Beispiel möchte ein anderer Landwirt das betreffende Ackerland für das nächste Jahr pachten und bietet hierfür 7.225 EUR, er macht aber deutlich, dass man über diesen Preis noch verhandeln kann. Welchen Preis wird der andere Landwirt mindestens fordern?[1]

Der Landwirt wird mindestens soviel fordern, dass ihn das Geschäft nicht schlechter als der Erdbeeranbau, den er ansonsten durchführen würde, stellt. Gesucht ist also der sichere Betrag, der dem Entscheidungsträger gleichwertig mit der gegebenen Entscheidungssituation ist. Dieser Betrag ist gerade das Sicherheitsäquivalent. Beim Erdbeeranbau hat der Landwirt einen Erwartungsnutzen von 86. Es muss also der sichere Betrag

1: Hierbei soll davon ausgegangen werden, dass bei den angegebenen Gewinnen beim Erdbeeranbau der Arbeitsaufwand des Landwirts bereits als Kosten abgezogen worden ist. Somit ist der Gewinn aus dem Erdbeeranbau direkt mit einer möglichen Pachtzahlung vergleichbar.

(SÄ) bestimmt werden, der auch einen Erwartungsnutzen von 86 hat:

$E(RNF(SÄ)) = 86$

Da es sich um einen sicheren Wert handelt, kann man den Erwartungswert auf der linken Seite auch weglassen, denn der Erwartungswert eines sicheren Wertes ist natürlich genau dieser sichere Wert, also gilt:

$RNF(SÄ) = 86$

Setzt man die gegebene Risiko-Nutzen-Funktion ein, so ergibt sich:

$\sqrt{SÄ} = 86$ |hoch 2

$\Leftrightarrow SÄ = 7.396$

Der Landwirt wird also mindestens einen Betrag von 7.396 EUR fordern. Bei diesem sicheren Betrag ergibt sich derselbe Erwartungsnutzen wie beim Erdbeeranbau. Daher ist der Landwirt bei diesem Betrag gerade indifferent bezüglich der beiden Alternativen.

Nachfolgend soll auch zu dem ersten Beispiel zum Bernoulli-Prinzip das Sicherheitsäquivalent berechnet werden. Bei dem Beispiel hatte sich die Alternative 3 mit einem Erwartungsnutzen von 10.100 als die günstigste Alternative ergeben. Somit ergibt sich das Sicherheitsäquivalent (SÄ), indem der Nutzen von SÄ mit 10.100 gleichgesetzt wird:

$10.100 = E(u(SÄ)) = E(300SÄ - SÄ^2)$

Der Erwartungswert eines sicheren Betrages kann einfach weggelassen werden, somit ergibt sich:

$10.100 = 300SÄ - SÄ^2$

$\Leftrightarrow SÄ^2 - 300SÄ + 10.100 = 0$

Mittels der pq-Formel (siehe z. B. Mathematik -anschaulich dargestellt- Anhang) ergibt sich für diese quadratische Gleichung:

$SÄ = 150 \pm \sqrt{22500 - 10100} = 150 \pm 111,36$

$\Leftrightarrow SÄ = 38,64 \vee SÄ = 261,36$

Nebenstehend ist die Nutzenfunktion für dieses Beispiel gezeichnet. Es wurde auch der Nutzenwert von 10.100, zu dem das Sicherheitsäquivalent zu bestimmen war, eingezeichnet. Graphisch ergibt sich das Sicherheitsäquivalent, indem man die Stellen der Funktion bestimmt, bei denen sich ein Erwartungsnutzen von 10.100 ergibt. Auch diese Werte wurden eingezeichnet. Allerdings ist nur der niedrigere der beiden Werte das Sicherheitsäquivalent. Dies ergibt sich schon daraus, dass die Nutzenfunktion zuvor nur für Ergebniswerte unterhalb von 150 definiert wurde, somit liegt der Wert 261,36 außerhalb des Definitionsbereiches.

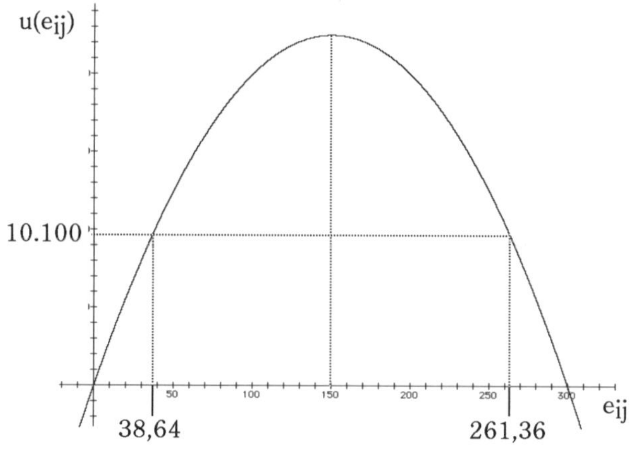

Das Sicherheitsäquivalent beträgt also 38,64.

Anhand der Zeichnung kann man aber auch erkennen, warum die Nutzenfunktion nur bis zu einem Ergebniswert von 150 definiert war. Bei der Nutzenfunktion handelt es sich um eine nach unten offene Parabel. Bis zu ihrem Scheitelpunkt, der gerade bei 150 liegt, steigen die Funktionswerte dieser Parabel an, ab 150 fallen sie allerdings. Dieser fallende Ast ist aber ökonomisch unsinnig, denn hier führt zusätzliches Geld zu einem Nutzenverlust. Daher mussten Werte oberhalb von 150 ausgeschlossen werden.

Die zuvor durchgeführte Betrachtung gilt generell für quadratischen Nutzenfunktionen, der fallende Ast der Parabel muss bei diesen Nutzenfunktionen stets ausgeschlossen werden. Wenn in einer Aufgabe noch nicht angegeben ist, für welchen Bereich diese Funktion gültig ist, und man dies selbst festlegen muss, so muss man zunächst den Scheitelpunkt der Parabel bestimmen. Diesen erhält man am einfachsten, indem man die

Nutzenfunktion ableitet und die Ableitung gleich Null setzt. Alle Werte rechts des Scheitelpunktes müssen dann ausgeschlossen werden.

Die vorherigen Schlussfolgerungen gelten allerdings genau genommen nur für quadratische Nutzenfunktionen von risikoscheuen Entscheidungsträgern, also Funktionen mit einem negativen quadratischen Term. Eine quadratische Nutzenfunktion eines risikofreudigen Entscheidungsträgers hat einen positiven quadratischen Term und ist eine nach oben offene Parabel, in diesem Fall müssen alle Werte links von dem Scheitelpunkt ausgeschlossen werden.

Wenn wie in dem vorherigen Fall das Sicherheitsäquivalent niedriger als der Erwartungswert (für a_3: $\mu = 40$) ist, so ist dies ein Ausdruck für einen **risikoscheuen** Entscheidungsträger. Denn in diesem Fall ist der Entscheidungsträger bereit, auf einen höheren Erwartungswert (hier 40) zugunsten eines niedrigeren sicheren Wertes (hier 38,64) zu verzichten.

Entsprechend ist ein Entscheidungsträger **risikofreudig**, wenn sein Sicherheitsäquivalent größer als der Erwartungswert der Alternative ist. In diesem Fall ist der Entscheidungsträger nur gegen einen höheren sicheren Wert bereit, auf die in der Alternative vorhandene Streuung der Ergebnisse zu verzichten.

Die Differenz aus Erwartungswert und Sicherheitsäquivalent nennt man auch **Risikoprämie** RP. Es gilt für eine Lotterie a:

$$RP(a) = E(a) - SÄ(a)$$

Aus den vorherigen Ausführungen ergibt sich, dass die Risikoprämie bei einem risikoscheuen Entscheidungsträger positiv und bei einem risikofreudigen negativ ist. Bei einem risikoneutralem Entscheidungsträger ist die Risikoprämie immer gleich Null.

5.3.3 Transformation der Risiko-Nutzen-Funktion

In den vorherigen Abschnitten war bereits auf den Zusammenhang zwischen der Form der Nutzenfunktion und der Risikoeinstellung des Entscheidungsträgers eingegangen worden.

Nachfolgend ist noch einmal die Nutzenmatrix des Beispiels mit dem Landwirt dargestellt. Welche Interpretation kann man den einzelnen Werten geben? Was bedeutet z. B. ein Nutzen von 40 beim Weizenanbau und heiß/trockenem Wetter?

Wetter	heiß/trocken 0,1	mild/trocken 0,3	mild/feucht 0,6
Weizen	40	60	100
Erdbeeren	110	90	80

Die Antwort ist relativ einfach, dem Wert von 40 kommt, als alleinstehende Größe betrachtet, keinerlei Bedeutung zu. Die eigentliche Aussage ergibt sich nur in Bezug auf die anderen Nutzenwerte. Es sei zunächst angenommen, zu allen Nutzenwerten werde ein konstanter Betrag a addiert. Das sich hierbei ergebende Ergebnis erhielte man auch, indem man die ursprüngliche RNF:

$$RNF(e_{ij}) = \sqrt{e_{ij}}$$

zu folgender RNF transformiert:

$$RNF_{+a}(e_{ij}) = \sqrt{e_{ij}} + a$$

Es würden sich nun folgende Nutzenwerte ergeben:

Wetter	heiß/trocken 0,1	mild/trocken 0,3	mild/feucht 0,6
Weizen	40 + a	60 + a	100 + a
Erdbeeren	110 + a	90 + a	80 + a

Berechnet man nun von diesen Nutzenwerten, also bezüglich der transformierten Risiko-Nutzen-Funktion RNF_{+a}, den Erwartungsnutzen, so ergibt sich:

Weizen: $E(RNF_{+a}(e_{ij})) = 0{,}1 * (40+a) + 0{,}3 * (60+a) + 0{,}6 * (100+a)$

$= 0{,}1 * 40 + 0{,}1a + 0{,}3 * 60 + 0{,}3a + 0{,}6 * 100 + 0{,}6 * a = 82 + a$

Erdbeeren: $E(RNF_{+a}(e_{ij})) = 0{,}1 * (110+a) + 0{,}3 * (90+a) + 0{,}6 * (80+a)$

$= 0{,}1 * 110 + 0{,}1a + 0{,}3 * 90 + 0{,}3a + 0{,}6 * 80 + 0{,}6a = 86 + a$

Bei der ursprünglichen Nutzenfunktion hatten sich die Werte 82 und 86 ergeben. Somit unterscheiden sich die Ergebnisse nur dadurch, dass bei der transformierten Nutzenfunktion zusätzlich jeweils a addiert wird. Die Entscheidung nach dem Bernoulli-Prinzip wird daher nicht verändert.

Nachfolgend werden die Nutzenwerte alle mit dem gleichen Faktor multipliziert. Dies entspricht der transformierten Risiko-Nutzen-Funktion:

$RNF_{*b}(e_{ij}) = b * \sqrt{e_{ij}}$

Die neue Nutzenmatrix lautet:

Wetter	heiß/trocken 0,1	mild/trocken 0,3	mild/feucht 0,6
Weizen	b * 40	b * 60	b * 100
Erdbeeren	b * 110	b * 90	b * 80

Für den Erwartungsnutzen ergibt sich nun:

Weizen: $E(RNF(e_{ij})) = 0{,}1 * b * 40 + 0{,}3 * b * 60 + 0{,}6 * b * 100$

$= b * (0{,}1 * 40 + 0{,}3 * 60 + 0{,}6 * 100) = 82b$

Erdbeeren: $E(RNF(e_{ij})) = 0{,}1 * b * 110 + 0{,}3 * b * 90 + 0{,}6 * b * 80$

$= b * (0{,}1 * 110 + 0{,}3 * 90 + 0{,}6 * 80) = 86b$

In diesem Fall ergibt sich für den Erwartungsnutzen also jeweils der ursprüngliche Wert multipliziert mit b. Solange b positiv ist, ändert also auch eine Multiplikation mit b die Rangfolge der Erwartungsnutzen nicht. Wenn b hingegen negativ ist, so würden sich die Vorzeichen der Nutzenwerte durch die Transformation verändern. Die zuvor bestehende Relation würde sich gerade umdrehen.

Zuvor wurden die Zusammenhänge an einem Beispiel verdeutlicht; auf die gleiche Weise kann man aber auch für beliebige Risiko-Nutzen-Funktionen zeigen, dass sich Konstanten und Faktoren bei der Bildung des Erwartungsnutzens herausziehen lassen und die Entscheidung nicht beeinflussen. Somit sind alle Funktionen, die auf diese Weise aus einer bestehenden Risiko-Nutzen-Funktion gebildet werden, bezüglich des Bernoulli-Prinzips äquivalent. Es kann eine Konstante addiert und/oder mit einer positiven Konstanten multipliziert werden. Eine derartige Transformation nennt man **positive Linear-Transformation**.

> Alle Risiko-Nutzen-Funktionen, die durch eine positive Linear-Transformation auseinander hervorgehen, sind bezüglich des Bernoulli-Prinzips äquivalent.

Mittels des vorherigen Ergebnisses kann man auch eine Aussage darüber machen, **wann das μ-Prinzip mit dem Bernoulli-Prinzip vereinbar** ist. Zunächst ist klar, dass bei der Verwendung der Nutzenfunktion u(e) = e, also der identischen Abbildung, eine Äquivalenz zwischen dem Bernoulli-Prinzip und der μ-Regel besteht. Denn die Ergebniswerte entsprechen in diesem Fall ganz genau den Nutzenwerten. Somit ergibt sich bei der Bildung des Erwartungswertes natürlich das gleiche Ergebnis wie bei der Bildung des Erwartungsnutzens.

Zuvor wurde angeführt, dass Nutzenfunktionen, die mittels positiver linearer Transformationen auseinander gebildet werden, bezüglich des Bernoulli-Prinzips äquivalent sind. Somit ist das μ-Prinzip bei allen positiven Lineartransformationen der identischen Abbildung äquivalent zum Bernoulli-Prinzip. Die Nutzenfunktion muss also folgende Gestalt haben:

$$u(e) = \beta * e + \alpha \quad \text{mit } \beta > 0$$

Bei derartigen linearen Nutzenfunktionen sind μ-Prinzip und Bernoulli-Prinzip äquivalent. Der Entscheidungsträger ist in diesen Fällen risikoneutral.

5.3.4 Chance/Lotterie und deren Notation

Eine Lotterie oder Chance bezeichnet eine Wahrscheinlichkeitsverteilung. Bei der Notation solcher Wahrscheinlichkeitsverteilungen werden die einzelnen Ergebnisse mit den zugehörigen Wahrscheinlichkeiten nacheinander in eine Klammer geschrieben. Die Lotterie (100 EUR; 0,4; 40 EUR; 0,1; 10 EUR; 0,5) beschreibt somit eine Situation, in der man mit 40% Wahrscheinlichkeit 100 EUR, mit 10% Wahrscheinlichkeit 40 EUR und mit einer Wahrscheinlichkeit von 50% 10 EUR bekommt. Die letzte Wahrscheinlichkeit ergibt sich automatisch, denn die Summe aller Wahrscheinlichkeiten muss immer 1 sein. Daher lässt man die letzte Wahrscheinlichkeit bei der Notation auch bisweilen einfach aus.

Für eine einfache Chance, dies ist eine Wahrscheinlichkeitsverteilung mit nur zwei Ergebniswerten, schreibt man z. B. (100 EUR; 0,7; 0 EUR). Dies bedeutet, dass man in 70% aller Fälle 100 EUR bekommt und in allen anderen Fällen, also in 30% aller Fälle, 0 EUR erhält. Man schreibt also statt

$$(e_1; p_1; e_2; (1-p_1)) \quad \text{abkürzend} \quad (e_1; p_1; e_2).$$

Nachfolgend wird diese abgekürzte Notation bei einfachen Chancen verwendet.

5.3.5 Nutzenfunktion und Risikoeinstellung

An der Art der Nutzenfunktion lässt sich die Risikoeinstellung des Entscheidungsträgers bereits ablesen. Um diesen Zusammenhang deutlich zu machen, ist nachfolgend zunächst eine Nutzenfunktion dargestellt.

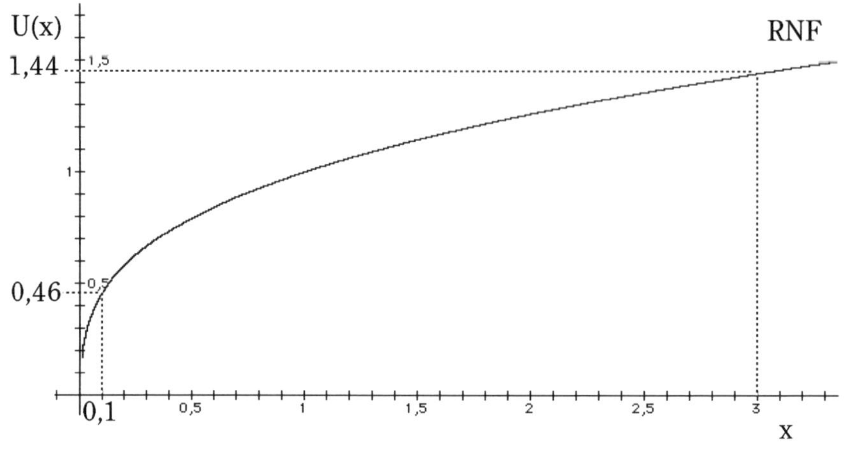

Die dargestellte Risiko-Nutzen-Funktion lautet $U(x) = \sqrt[3]{x}$.

Auf der x-Achse sind die möglichen Ergebniswerte abgetragen und auf der y-Achse der zugehörige Nutzen. Für die Ergebnisse 0,1 und 3 sind die entsprechenden Nutzenwerte (0,46 bzw. 1,44) in der Zeichnung kenntlich gemacht.

Es sei angenommen, es bestehe eine einfache Chance mit dem unteren Wert 0,1 und dem oberen Wert 3 (3, p; 0,1). Für p = 0,4 ergibt sich für diese einfache Chance der Erwartungswert

$$\mu = 0{,}4 * 3 + 0{,}6 * 0{,}1 = 1{,}26$$

Für den Erwartungsnutzen ergibt sich:

$$E(U(x)) = 0{,}4 * U(3) + 0{,}6 * U(0{,}1)$$

$$= 0{,}4 * 1{,}44 + 0{,}6 * 0{,}46 = 0{,}85$$

Für die beiden Werte kann man einen Punkt in der zuvor angeführten Zeichnung eintragen. Auf der x-Achse trägt man den Erwartungswert und auf der y-Achse den Erwartungsnutzen ab. In der nachfolgenden

Grafik sind die Werte eingetragen. Außerdem wurde der Nutzenwert, der sich bei einem sicheren Betrag von 1,26 ergibt, in der Zeichnung kenntlich gemacht. Bei einem sicheren Wert von 1,26 ergibt sich ein Nutzen von 1,08.

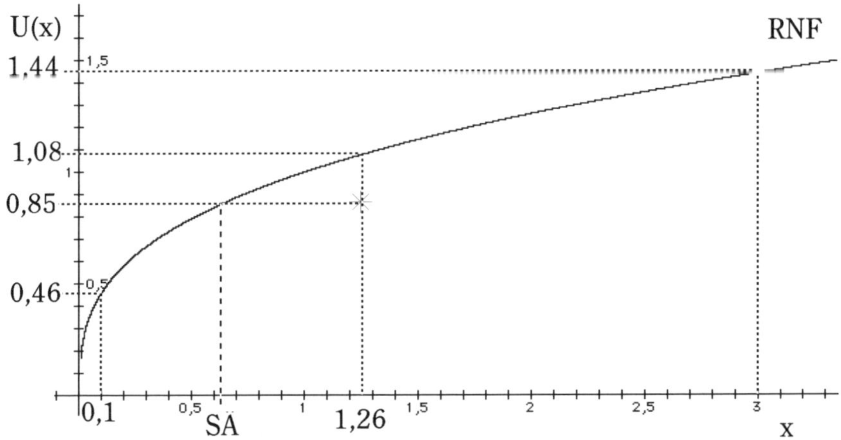

In der Grafik wird deutlich, dass ein sicherer Wert von 1,26 einen deutlich höheren Nutzen bringt als die betrachtete Chance, die ebenfalls einen Erwartungswert von 1,26 hat. Bei sicheren 1,26 ergibt sich ein Erwartungsnutzen von 1,08, während die Chance (3, 0,4; 0,1) zwar auch den Erwartungswert 1,26 hat, aber nur einen Erwartungsnutzen von 0,85.

Aus den Ausführungen ergibt sich, dass der Entscheidungsträger risikoscheu ist, denn die sicheren 1,26 bringen ihm einen höheren Nutzen als die Chance mit dem Erwartungswert 1,26.

In der Zeichnung wurde ebenfalls das Sicherheitsäquivalent (SÄ) der Chance eingezeichnet. Der Erwartungsnutzen beträgt 0,85, somit ist das Sicherheitsäquivalent der sichere Wert, der ebenfalls einen (Erwartungs-)Nutzen von 0,85 bringt. Aus der Zeichnung lässt sich ablesen, dass der Wert des Sicherheitsäquivalents etwas über 0,6 liegen muss. Rechnerisch ergibt sich:

$$0{,}85 = \sqrt[3]{\text{SÄ}} \Leftrightarrow \text{SÄ} = 0{,}85^3 = 0{,}61.$$

Das Sicherheitsäquivalent ist niedriger als der Erwartungswert. Auch hieran lässt sich die risikoscheue Einstellung des Entscheidungsträgers erkennen.

Zuvor war in der Zeichnung der Erwartungsnutzen für die Chance (3; 0,4; 0,1) dargestellt worden. Wenn man die Wahrscheinlichkeit zwischen Null und Eins variiert, so ergeben sich weitere Chancen, deren Werte alle auf der nachfolgend eingezeichneten Geraden liegen:

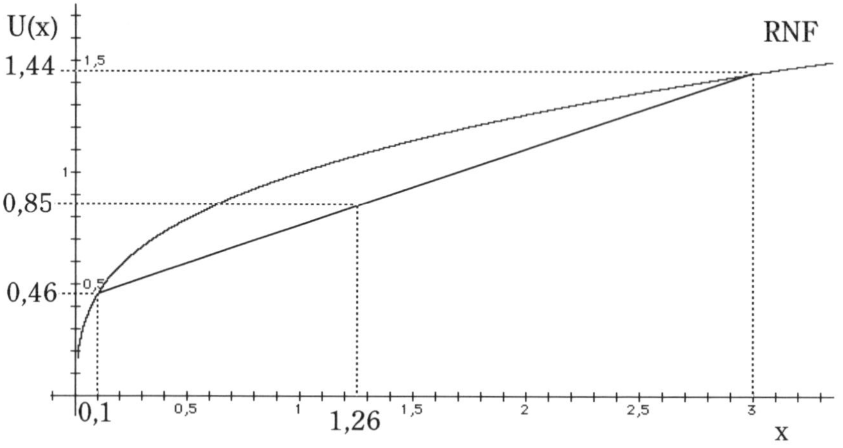

Die eingezeichnete Gerade stellt die Erwartungsnutzen für alle möglichen p-Werte dar. Für jeden x-Wert ist der Wert auf der Geraden niedriger als der entsprechende Wert der Nutzenfunktion. Somit ist der Entscheidungsträger in dem ganzen Bereich der Geraden risikoscheu. Die Gerade ergibt sich, indem man die Funktion zwischen den beiden Punkten der Chance (in diesem Fall (0,1; 0,46) und (3; 1.44)) verbindet.

Immer wenn die Funktion eine Rechtskrümmung macht, wird die Gerade unterhalb der Funktion liegen. Funktionen, die rechtsgekrümmt sind, nennt man **konkav** oder auch degressiv. Somit gilt:

> Wenn die Risiko-Nutzen-Funktion konkav (rechtsgekrümmt) ist, so ist der Entscheidungsträger risikoscheu.

Wenn die Nutzenfunktion linksgekrümmt ist, so liegt eine Verbindungslinie zwischen zwei Punkten der Nutzenfunktion immer oberhalb der Funktion und der Entscheidungsträger ist daher risikofreudig. In der nachfolgenden Zeichnung wurde dieses verdeutlicht:

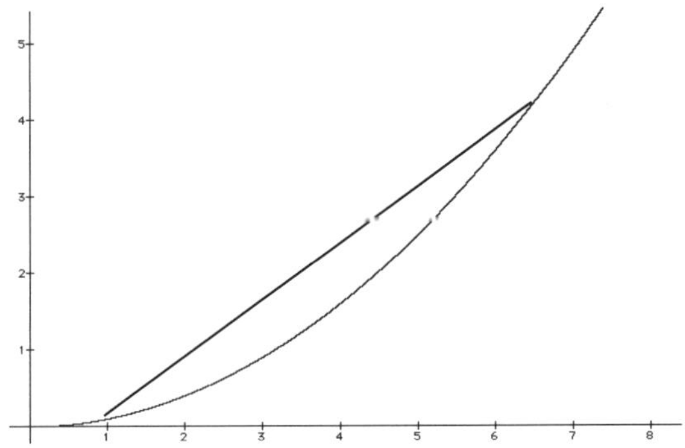

Eine linksgekrümmte Funktion nennt man **konvex** oder auch progressiv.

Es gilt folgender Zusammenhang:

> Wenn die Risiko-Nutzen-Funktion konvex (linksgekrümmt) ist, so ist der Entscheidungsträger risikofreudig.

Risikoneutral ist der Entscheidungsträger gerade dann, wenn die Verbindungslinie zwischen zwei Punkten der Nutzenfunktion auf der Funktion liegt. Dies ist aber nur dann der Fall, wenn die Nutzenfunktion eine Gerade, also eine **lineare Funktion**, ist:

> Die Risiko-Nutzen-Funktion von risikoneutralen Entscheidungsträgern ist eine Gerade.

Zuvor wurden die Zusammenhänge lediglich anhand der Form der Nutzenfunktion aufgezeigt. Um aus der Funktion einen Rückschluss auf die Risikoeinstellung des Entscheidungsträgers zu gewinnen, müsste man die Funktion zunächst zeichnen. Allerdings lässt sich das Krümmungsverhalten einer Funktion auch mittels ihrer zweiten Ableitung bestimmen. Die zweite Ableitung gibt die Steigung der Steigung der Funktion an. Wenn die zweite Ableitung positiv ist, so nimmt die Steigung der Funktion ständig zu und die Funktion vollzieht eine Linkskurve (konvex). Wenn die zweite Ableitung der Funktion negativ ist, so vollzieht die Funktion entsprechend eine Rechtskurve (konkav). Handelt es sich bei der Funktion um eine Gerade, so ist die zweite Ableitung Null.

Insgesamt gilt also folgender Zusammenhang zwischen der Risikoeinstellung des Entscheidungsträgers und der zweiten Ableitung der Risiko-Nutzen-Funktion:

> Ist die zweite Ableitung der RNF positiv, so ist der Entscheidungsträger risikofreudig, ist sie negativ, so ist er risikoscheu. Wenn die zweite Ableitung Null ergibt, so handelt es sich um einen risikoneutralen Entscheidungsträger.

5.3.6 Risikomaß

Zuvor war gezeigt worden, wie man die zu einer Risiko-Nutzen-Funktion gehörende Risikoeinstellung mittels der zweiten Ableitung bestimmen kann. Natürlich ist es weiterhin von Interesse, auch eine Aussage über die Stärke der jeweiligen Risikoeinstellung machen zu können, also z. B. außer der Aussage, dass ein Entscheidungsträger risikoscheu ist, auch sagen zu können, in welchem Ausmaß er risikoscheu ist.

Die einfachste Idee ist, die zweite Ableitung der RNF als mögliches Risikomaß heranzuziehen, denn zumindest die Art der Risikoeinstellung kann man anhand der zweiten Ableitung erkennen. Nachfolgend sind zwei Risiko-Nutzen-Funktionen gegeben:

$$RNF_1(x) = x^2$$

$$RNF_2(x) = 5 + 3x^2$$

Für die zweiten Ableitungen dieser beiden Funktionen ergibt sich:

$$RNF_1''(x) = 2$$

$$RNF_2''(x) = 6$$

In beiden Fällen ist der Entscheidungsträger risikofreudig. Würde man die zweite Ableitung als Risikomaß verwenden, so würde man weiterhin feststellen, dass die zweite RNF dreimal so starke Risikofreude ausdrückt wie die erste Funktion. Macht diese Aussage Sinn?

Wenn man die Funktionen näher betrachtet, so kann man feststellen, dass sich die zweite aus der ersten durch folgende Transformation ergibt:

$$3 * RNF_1(x) + 5 = 5 + 3x^2 = RNF_2(x)$$

Die Funktionen lassen sich also durch eine positive Linear-Transformation ineinander überführen. Somit sind sie bezüglich des Bernoulli-Prinzips äquivalent. In jeder Entscheidungssituation ergibt sich bei beiden Funktionen dieselbe Entscheidung, und auch das Sicherheitsäquivalent zu einer Entscheidungssituation ist bei beiden Funktionen identisch. Somit müssen die Funktionen auch das gleiche Ausmaß an Risikofreude haben. Da die zweite Ableitung diese Bedingung nicht erfüllt, stellt sie kein befriedigendes Risikomaß dar. Die zweiten Ableitungen unterscheiden sich gerade um den Faktor b der Linear-Transformation. Diesen Faktor kann man beseitigen, indem man die zweite Ableitung jeweils durch die erste Ableitung der Funktion teilt. Auf diese Weise ergibt sich bei dem betrachteten Fall:

$$RNF_1'(x) = 2x \qquad RNF_2'(x) = 6x$$

$$\Rightarrow \text{für } RNF_1 \quad \frac{u''(x)}{u'(x)} = \frac{2}{2x} = \frac{1}{x}$$

$$\Rightarrow \text{für } RNF_2 \quad \frac{u''(x)}{u'(x)} = \frac{6}{6x} = \frac{1}{x}$$

Für dieses Risikomaß ergibt sich also bei beiden RNF's dieselbe Risikoaversion. Der gezeigte Zusammenhang gilt nicht nur für die speziellen angeführten Funktionen. Bei allen Funktionen, die durch eine Linear-Transformation auseinander abgeleitet werden, ergibt sich bei diesem Maß derselbe Wert.

Natürlich handelt es sich bei den angeführten Plausibilitätsüberlegungen nicht um eine theoretische Herleitung des angeführten Risikomaßes. Diese wurde unter anderem von Arrow und Pratt durchgeführt, würde aber den Rahmen dieser Ausarbeitung sprengen.

Zuvor hatte sich für einen risikofreudigen Entscheidungsträger ein positiver Wert ergeben, entsprechend würde sich für einen risikoscheuen Entscheidungsträger immer ein negativer Wert ergeben.[1] Das gebräuchliche Risikomaß wird nun aber so definiert, dass es für einen risikoscheuen Entscheidungsträger einen positiven Wert liefert. Dies wird erreicht, indem der ganze Ausdruck mit einem Minuszeichen versehen wird.

Es ergibt sich also folgendes Risikomaß:

$$\Rightarrow r(x) = -\frac{u''(x)}{u'(x)}$$

Zumeist nennt man dieses Risikomaß **Arrow-Prattsches-Risikoeinstellungsmaß** oder **absolute Risikoaversion.**

Bei dem betrachteten Beispiel wurde schon deutlich, dass das Risikomaß im Allgemeinen von dem x-Wert abhängt. Lediglich zwei Sorten von Nutzenfunktionen haben überall das gleiche Risikomaß. Zum einen sind dies Geraden. Da die zweite Ableitung einer Geraden immer Null ist, ergibt sich für sie immer ein Risikomaß von 0.[2] Die andere Klasse von Funktionen mit konstantem Risikomaß sind die Exponentialfunktionen:

$$u(x) = a + b * e^{c*x} \qquad \text{mit } a \in \mathbb{R};\ b, c \in \mathbb{R}\backslash\{0\}$$

Da sich die Exponentialfunktion beim Ableiten reproduziert, kürzen sich bei diesen Funktionen alle Terme, die von x abhängen. Daher ergibt sich eine Risikoaversion, die überall, unabhängig vom Ergebniswert x, gleich groß ist.

1: Dies liegt daran, dass die erste Ableitung bei allen Nutzenfunktionen positiv sein muss, denn ein positiver Grenznutzen ist eine grundlegende Voraussetzung für jede sinnhafte Nutzenfunktion. Die zweite Ableitung ist bei risikoscheuen Entscheidungsträgern negativ, bei risikofreudigen hingegen positiv.

2: Lediglich wenn auch schon die erste Ableitung der Geraden Null ist, trifft dies nicht zu. Allerdings würde dies bedeuten, dass die Steigung der Nutzenfunktion Null ist, zusätzliches Geld würde also keinen zusätzlichen Nutzen bringen. Per Definition wird aber von der Nutzenfunktion ein positiver Grenznutzen gefordert.

5.3.7 Maximaleinsatz

Der Maximaleinsatz ist der Betrag, den man maximal für eine Lotterie bezahlen würde. Zunächst mag man denken, der Maximaleinsatz, oder kürzer Einsatz, würde gerade dem Sicherheitsäquivalent entsprechen. Dieses ist aber in der Regel nicht der Fall. Der Unterschied liegt in den verschiedenen Vermögenssituationen begründet. Wenn das Sicherheitsäquivalent einer Lotterie bestimmt wird, so ist die Ausgangsbasis, dass der Entscheidungsträger der Eigentümer des Lotterieloses ist. Dieses gehört also zu seinem Vermögen. Bei der Frage nach dem Maximaleinsatz ist hingegen die Ausgangsbasis, dass der Entscheidungsträger nicht Eigentümer des Lotterieloses ist. Er muss erst Vermögen aufwenden, um es zu erwerben. Insgesamt hat er also bei der Frage nach dem Maximaleinsatz weniger Vermögen, so dass er auf einer anderen Stelle der Risiko-Nutzen-Funktion operiert. Lediglich wenn das Arrow-Prattsche-Risikoeinstellungsmaß in den relevanten Bereichen der RNF konstant ist, sind Sicherheitsäquivalent und Maximaleinsatz identisch.

5.3.8 Axiome des Bernoulli-Prinzips

Die grundlegende Idee, statt des Erwartungswertes der Ergebnisse den Erwartungswert der Nutzenwerte zu betrachten, geht auf Daniel Bernoulli (1700 bis 1782) zurück. Bernoullis Ansatz fand aber zunächst wenig Beachtung, bis er 1944 durch von Neumann und Morgenstern wieder aufgegriffen wurde.[1] Sie definierten Axiome und leiteten daraus ein entsprechendes Präferenzkalkül ab. Später wurde eine ganze Reihe von weiteren Axiomensystemen aufgestellt, die aber alle, bis auf mathematische Feinheiten, zu demselben Erwartungsnutzenkalkül führen.

Aus dem zuvor Angeführten wird auch verständlich, warum die Erwartungsnutzentheorie unter verschiedenen Namen firmiert. Die gebräuchlichen Bezeichnungen sind **Bernoulli-Prinzip** (nach ihrem Begründer), **von Neumann-Morgenstern-Nutzen** (nach ihren axiomatischen Begründern) oder **Erwartungsnutzentheorie** (als inhaltliche Beschreibung).

Die verschiedenen Axiomensysteme unterscheiden sich in gewissem Rahmen in der Form und der Anzahl der Axiome. Nachfolgend ist ein

1: vgl. Bitz, Michael (1981): Entscheidungstheorie, S. 153

Axiomensystem mit 4 Axiomen aufgeführt. Aus den Axiomen kann das Bernoulli-Prinzip hergeleitet werden. Wenn jemand die Axiome akzeptiert, so folgt hieraus, dass er sich nur dann rational verhält, wenn er sich nach dem Bernoulli-Prinzip entscheidet.

1. Ordinalprinzip

Dic Entscheidungsregel soll die Alternativen ordinal ordnen, dies bedeutet im Einzelnen:

- **Vergleichbarkeit:** Für jedes Paar von Lotterien a und b gilt:
  a < b oder a ~ b oder a > b

  D.h. der Entscheidungsträger kann für zwei Lotterien immer eine Ordnung angeben. Er ist entweder indifferent zwischen den beiden, oder er findet eine der Lotterien besser.
- **Transitivität:** aus a > b und b > c folgt a > c
  Wenn die Bedingung der Transitivität nicht erfüllt ist, so könnte man zwischen mehreren Lotterien keine eindeutige Rangfolge aufstellen.

2. Stetigkeitsaxiom

Stehen eine sichere Alternative e und eine einfache Chance (e_1; p; e_2) zur Auswahl ($e_1 > e > e_2$), so gibt es ein p, für das beide Alternativen als gleichwertig betrachtet werden.

Wenn man zwei Ergebniswerte hat, z.B. 100 EUR (e_1) und 0 EUR (e_2), so fordert das Stetigkeitsaxiom, dass zu jedem sicheren Wert (e), der zwischen 0 EUR und 100 EUR liegt, eine Wahrscheinlichkeit existiert, so dass der sichere Wert mit einer einfachen Chance (100 EUR; p; 0 EUR) identisch ist.

3. Unabhängigkeitsaxiom (Substitutionsaxiom)

Die Idee dieses Axioms steckt schon in den Namen Substitution bzw. Unabhängigkeit. Es wird gefordert, dass die Präferenzordnung zwischen zwei Lotterien sich nicht verändert, wenn beide Lotterien mit einer dritten Lotterie gemischt werden.

Es seien die Lotterien a und b gegeben. Weiterhin sei angenommen, dass der Entscheidungsträger a präferiert (a > b). Weiterhin sei eine dritte Lotterie c gegeben. Die Lotterien a und b werden nun mit der Lotterie c gemischt. Auf diese Weise werden zwei neue Lotterien (a' und b') erzeugt, die mit dem Anteil p aus der Lotterie a bzw. b und mit dem Anteil 1−p aus der Lotterie c bestehen. Das Unabhängigkeitsaxiom fordert nun, dass bei den zusammengesetzten Alternativen a' gegenüber b' präferiert wird (a' > b'). Nachfolgend wird der Zusammenhang noch etwas formaler beschrieben:

Wenn für zwei Lotterien a > b gilt, so muss auch für alle Lotterien c und alle Wahrscheinlichkeiten p gelten:

$$a' = p * a + (1-p) * c > p * b + (1-p) * c = b'$$

Bisweilen wird als weiteres Axiom das Reduktionsaxiom angeführt. Dieses ist aber bei Gültigkeit des zuvor angeführten Unabhängigkeitsaxioms immer erfüllt. Daher wird hier auf dieses Axiom nicht weiter eingegangen.

4. Dominanzprinzip (Monotonieprinzip)

Es seien zwei einfache Chancen (Zweipunktverteilungen) gegeben, die sich nur in der Wahrscheinlichkeit unterscheiden. Nach dem Dominanzprinzip wird dann diejenige Alternative bevorzugt, bei der der höhere Wert mit der größeren Wahrscheinlichkeit auftritt. Als Beispiel seien zwei einfache Chancen angeführt:

a = (50; 0,4; 10); b = (50; 0,6; 10)

Das Dominanzprinzip fordert nun, dass die Alternative b bevorzugt wird, weil bei ihr der höhere Wert von 50 mit einer größeren Wahrscheinlichkeit auftritt. Dieses Prinzip wird in der Regel mit angeführt, allerdings kann man das hier geforderte Verhalten auch für eine Selbstverständlichkeit halten.

Das Dominanzprinzip ist ein Spezialfall der Wahrscheinlichkeitsdominanz für Zweipunktverteilungen: bei identischen Ergebniswerten soll die Wahrscheinlichkeitsdominanz gelten.

5.3.9 Kritik an den Axiomen des Bernoulli-Prinzips

Wie zuvor angeführt, folgt aus den Axiomen des Bernoulli-Prinzips, dass nur die Entscheidungen rational sind, die den höchstmöglichen Erwartungsnutzen erbringen. Eine Kritik am Bernoulli-Prinzip kann daher nicht allgemein an dieser Konsequenz ausgerichtet sein, sondern muss die Richtigkeit der Axiome überprüfen. Wie überprüft man die Richtigkeit von Postulaten? Es ist zu hinterfragen, ob sie das, was sie beschreiben sollen, nämlich rationales menschliches Verhalten, hinlänglich beschreiben. Bei der Kritik muss darauf geachtet werden, ob es sich um prinzipielle Aspekte menschlichen Verhaltens handelt, die mit den Axiomen nicht in Einklang stehen, oder ob es einfach nur einige oder auch viele Menschen gibt, die sich nicht entsprechend den Axiomen verhalten. In diesem Fall ist insbesondere zu klären, ob die Menschen sich nur aus Unwissenheit nicht nach den Axiomen richten, sie sich nach einer "Unterrichtung über rationales Verhalten" aber im Sinne der Axiome entscheiden würden.

Nachfolgend sind die Axiome mit einigen Kritikpunkten aufgeführt:

Ordinalprinzip: Dieses Prinzip wird im Allgemeinen als Grundlage von rationalen Entscheidungen akzeptiert. Zwar gibt es möglicherweise Entscheidungssituationen, wo der Entscheidungsträger die verschiedenen Alternativen in keine Rangordnung bringen kann. Aber für derartige Situationen macht es gar nicht erst Sinn, eine Entscheidungstheorie zu entwickeln. Auch die Forderung nach Transitivität ist sehr einsichtig. Man stelle sich vor, ein Entscheidungsträger hätte eine intransitive Präferenzordnung. Für ihn gelte also z.B.:

Apfel $\succ$ Banane, Banane $\succ$ Zitrone und Zitrone $\succ$ Apfel.

Weiterhin sei angenommen, dass der Entscheidungsträger zunächst einen Apfel besitzt. Wenn man ihm nun im Tausch eine Zitrone für den Apfel anbietet, so hätte er hierdurch einen Nutzengewinn und würde somit für diesen Tausch noch einen gewissen Geldbetrag bezahlen. Nachdem er nun eine Zitrone besitzt, würde er durch den Tausch gegen eine Banane wiederum einen Nutzengewinn erzielen, so dass man ihm auch hierfür einen gewissen Betrag abnehmen könnte. Dem stolzen Bananenbesitzer könnte man nun wieder einen Apfel anbieten, er präferiert den

Apfel gegenüber der Banane und so fort. Somit könnte man von einem derartigen "intransitiven Kunden" ständig Geld kassieren, ohne eine Gegenleistung zu erbringen. Natürlich wird niemand sich auf Dauer derartig intransitiv verhalten, und es ist nahe liegend, von einem rationalen Entscheidungsträger eine transitive Präferenzordnung zu fordern.

Stetigkeitsaxiom: Wenn ein mögliches Ergebnis sehr schlecht ist (z.B. sicherer Tod), kann es sein, dass man keine Wahrscheinlichkeit finden kann. Es sei also z. B. angenommen, es werde für die einfache Chance, bei der man entweder bei einem Autounfall stirbt oder 10 EUR Preisgeld erhält, die Wahrscheinlichkeit gesucht, bei der dem Entscheidungsträger diese Chance mit einem sicheren Gewinn von 5 EUR gleichwertig ist. Egal wie klein die Wahrscheinlichkeit für den "sicheren Tod" hierbei ist, das verbleibende Risiko, auch wenn es minimal ist, wird nicht in Kauf genommen, nur um in den anderen Fällen 5 EUR mehr zu erhalten. Allerdings ist das zuvor beschriebene menschliche Verhalten nicht konsistent, denn bei jeder Straßenüberquerung, jeder Autofahrt oder jeder Flugreise geht man das Risiko des sicheren Todes, wenn auch mit einer kleinen Wahrscheinlichkeit, ein.

Außerdem handelt es sich bei den Einwendungen um Extremfälle. Selbst wenn man die Einwände akzeptiert, so wird hiermit nur die Gültigkeit des Stetigkeitsaxioms für derartige Extremfälle in Frage gestellt. Bei Entscheidungsproblemen mit Ergebnissen "normaler" Größenordnungen ist das Stetigkeitsaxiom also von der angeführten Kritik nicht betroffen.

Unabhängigkeitsaxiom (Substitutionsaxiom): Dieses ist das am heftigsten kritisierte Axiom. Wenn die Präferenz zwischen zwei Alternativen festgelegt wurde, so ist nach dem Unabhängigkeitsaxiom auch die Präferenz für alle aus diesen und einer anderen Alternative zusammengesetzten Alternativen definiert. Somit schränkt das Unabhängigkeitsaxiom die möglichen Präferenzen drastisch ein. Anhand von zwei klassischen Beispielen wird die Problematik des menschlichen Verhaltens in diesem Rahmen nachfolgend näher erläutert.

Allais-Paradoxon: Allais hat mehrere Beispiele angeführt, bei denen die meisten Entscheider das Unabhängigkeitsaxiom verletzen. Eines der Beispiele ist nachfolgend angeführt. Es seien zunächst die beiden folgenden

Wahrscheinlichkeitsverteilungen gegeben:

a = (3.000 EUR; 1) b = (4.000 EUR; 0,8; 0 EUR)

Im ersten Fall bekommt man also sicher 3.000 EUR, während man im zweiten Fall mit 80%iger Wahrscheinlichkeit 4.000 EUR und sonst gar nichts erhält.

Wie würden Sie entscheiden?

Nun werden zwei andere Alternativen zur Wahl gestellt:

c = (3.000 EUR; 0,25; 0 EUR) d = (4.000 EUR; 0,2; 0 EUR)

Wie würden Sie in diesem Fall entscheiden?

Häufig fällt die Entscheidung im ersten Fall für die Alternative a und im zweiten Fall für die Alternative d. Nun ergibt sich aber die zweite Entscheidungssituation aus der ersten durch eine Mischung mit der Alternative (0 EUR, 1), wobei die ursprüngliche Alternative mit 25% und die Alternative (0 EUR, 1) mit 75% gewichtet wird. Es gilt also

c = (3.000 EUR; 0,25; 0 EUR) = 0,25 * (3.000; 1) + 0,75 * (0 EUR; 1)

d = (4.000 EUR; 0,8; 0 EUR) = 0,25 * (4.000 EUR; 0,8; 0 EUR) + 0,75 * (0 EUR; 1)

Für d ist die Berechnung nachfolgend im Detail dargestellt:

0,25 * (4.000 EUR; 0,8; 0 EUR) + 0,75 * (0 EUR; 1)

= (4.000 EUR; 0,25*0,8; 0 EUR; 0,25*0,2; 0 EUR; 0,75)

= (4.000 EUR; 0,2; 0 EUR; 0,05; 0 EUR; 0,75)

= (4.000 EUR; 0,2; 0 EUR; 0,8)

= (4.000 EUR; 0,2; 0 EUR)

Im letzten Schritt wurde die vereinfachte Schreibweise für eine Chance angewendet.

Das Unabhängigkeitsaxiom fordert, dass die Entscheidung durch die Mischung nicht verändert wird. D.h. wenn im ersten Fall die Alternative a bevorzugt wird, so muss im zweiten Fall die Alternative c bevorzugt werden.

Ellsberg-Paradoxon: Es sei eine Urne gegeben, die 3 rote Kugeln und zusammen 6 weiße und schwarze Kugeln enthält[1], ohne dass etwas über das Verhältnis zwischen schwarzen und weißen Kugeln bekannt ist. In der nachfolgenden Zeichnung ist die Urne dargestellt. Die Fragezeichen sollen ausdrücken, dass die Kugeln entweder schwarz oder weiß sind.

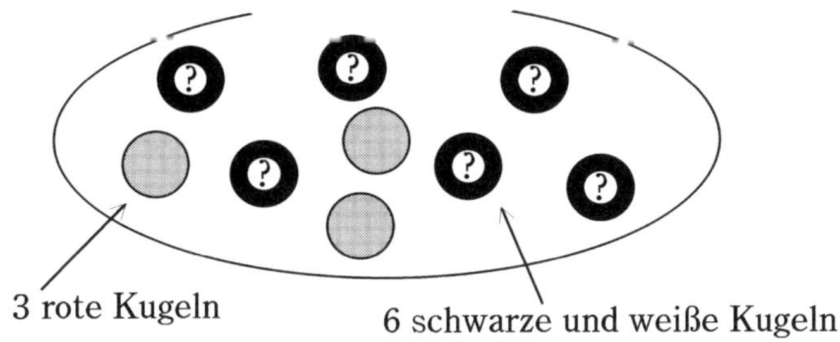

Es werden die beiden folgenden Alternativen zur Wahl gestellt:

a: Man gewinnt, falls eine rote Kugel aus der Urne gezogen wird.
b: Man gewinnt, falls eine schwarze Kugel aus der Urne gezogen wird.

Wie fällt die Entscheidung aus?

Nun werden zwei andere Alternativen zur Wahl gestellt:

c: Man gewinnt, falls eine rote oder weiße Kugel gezogen wird.
d: Man gewinnt, falls eine schwarze oder weiße Kugel gezogen wird.

Wie fällt die Entscheidung nun aus?

Viele entscheiden sich intuitiv im ersten Fall für die Alternative a und im zweiten Fall für die Alternative d. Hierbei wird aber das Unabhängigkeitsaxiom verletzt, denn die Alternativen c und d ergeben sich aus den Alternativen a und b. Bei c und d gewinnt man lediglich auch in den Fällen, bei denen eine weiße Kugel gezogen wird. Somit müsste die Präferenz zwischen a und b dieselbe wie zwischen c und d sein.

Letztendlich sind die Einwände gegen die Axiome des Bernoulli-Prinzips im Rahmen der präskriptiven (normativen) Entscheidungstheorie nicht

1: In der Regel wird das Paradoxon anhand von 30 roten Kugeln und 60 weiß/schwarzen Kugeln beschrieben. Wegen der besseren Übersicht wurden hier 3 rote und 6 schwarz/weiße Kugeln gewählt.

überzeugend. Im Rahmen der deskriptiven Entscheidungstheorie, die versucht, das konkrete menschliche Verhalten zu beschreiben, sind aber deutliche Abweichungen zum Bernoulli-Prinzip auszumachen. Insbesondere wird häufig das Unabhängigkeitsaxiom verletzt. Im Rahmen der deskriptiven Theorie gibt es zahlreiche Ansätze, die versuchen, das abweichende Verhalten zu erklären.

5.3.10 Bernoulli-Befragung

Zuvor war noch nicht darauf eingegangen worden, wie man die Risiko-Nutzen-Funktion eines Entscheidungsträgers bestimmen kann. Dieses wird nun nachgeholt.

Die Risiko-Nutzen-Funktion spiegelt die subjektiven Einschätzungen des Entscheidungsträgers wider. Nun wird es aber sicherlich niemanden geben, der auf die Frage, wie seine Risiko-Nutzen-Funktion lautet, spontan eine Antwort geben kann, indem er zum Beispiel mitteilt, dass seine Risiko-Nutzen-Funktion folgende Gestalt hat: $u(e) = \sqrt{3 * e}$.

Bei der Bernoulli-Befragung stellt man dem Entscheidungsträger bestimmte Alternativen zur Auswahl und lässt ihn hierbei eine Wahrscheinlichkeit bestimmen, so dass die Alternativen für ihn gleichwertig sind. Das Vorgehen wird nachfolgend beschrieben.

1) Zunächst wählt man zwei Ergebniswerte, einen niedrigen e_n und einen hohen e_h. Diese beiden Ergebniswerte werden so gewählt, dass alle später in die Betrachtung einbezogenen Werte für e zwischen diesen beiden Werten liegen. Den beiden Ergebniswerten ordnet man folgende Nutzenwerte zu:

   $u(e_n) = 0 \qquad u(e_h) = 1$

   Da die Nutzenfunktion immer nur bis auf eine beliebige positive Lineartransformation bestimmt ist (wie in Abschnitt 5.3.3 gezeigt wurde), können die Nutzenwerte wie zuvor geschehen vorgegeben werden, ohne dass hierdurch Einschränkungen entstehen.

   Nachfolgend wird ein **Beispiel** angegeführt, das bei den folgenden Punkten wieder aufgegriffen wird.
   Es sei angenommen, dass alle relevanten Ergebniswerte zwischen 0 und 1000 liegen, dann wählt man: e_n=0 und e_h=1000

2) Als nächstes wird der Entscheidungsträger vor **hypothetische Wahlakte** gestellt. Hierbei soll er zwischen den beiden folgenden Werten wählen:
   - ein sicheres Einkommen in der Höhe e
   - eine einfache Chance (e_h; p; e_n)

   Die einfache Chance bedeutet, dass er den Wert e_h mit der Wahrscheinlichkeit p und den Wert e_n mit der Wahrscheinlichkeit (1-p) erhält. Aufgrund der zuvor gemachten Annahmen gilt: $e_h > e > e_n$.

   Beispiel: Es sei weiterhin angenommen: e = 400 und p = 0,5.
   Die Alternativen würden dann folgendermaßen aussehen:
   - ein sicheres Einkommen in der Höhe 400
   - die einfache Chance (1000; 0,5; 0)

3) Die Wahrscheinlichkeit p wird nun so lange variiert, bis für den Entscheidenden das sichere Einkommen e und die einfache Chance (e_h, p^*; e_n) gleichwertig sind. Aufgrund des Stetigkeitsaxioms muss ein solches p existieren.

   Beispiel: Angenommen, der Entscheidende entscheidet sich für das sichere Einkommen von 400. Als nächstes könnte man ihm nun z. B. ein p von 0,6 offerieren. Nun hätte er also die Wahl zwischen e=400 und der einfachen Chance (1000; 0,6; 0). Wenn er sich nun für die einfache Chance entscheidet, könnte man als nächstes p=0,55 anbieten usw. Es sei angenommen, dass er schließlich bei p=0,58 indifferent zwischen dem sicheren Wert und der einfachen Chance ist.

4) Die zuvor bestimmte Wahrscheinlichkeit p^*, bei der der Entscheidende gerade indifferent zwischen dem sicheren Wert und der einfachen Chance ist, entspricht gerade dem Wert der Risiko-Nutzen-Funktion für den sicheren Wert:

   $$u(e) = p^*$$

   Dieser Zusammenhang lässt sich folgendermaßen zeigen: Da der Entscheidende indifferent ist, muss sich für die einfache Chance und den sicheren Wert gerade der gleiche Erwartungsnutzen ergeben. Der Erwartungsnutzen der einfachen Chance lautet:

   $$E(u(e_h, p^*; e_n)) = p^* * u(e_h) + (1 - p^*) * u(e_n)$$

   Nun wurde aber gerade $u(e_h)=1$ und $u(e_n)=0$ gewählt, somit ergibt sich:

$$E(u(e_h, p^*; e_n)) = p^* * 1 + (1 - p^*) * 0 = p^*$$

Der Erwartungsnutzen des sicheren Wertes ist:

$$E(u(e)) = u(e)$$

Also gilt: $u(e) = p^*$

Beispiel: Für den Erwartungswert der einfachen Chance in dem Beispiel ergibt sich:

$$\begin{aligned} E(u(1000; 0{,}58; 0)) &= 0{,}58 * u(e_h) + (1 - p^*) * u(e_n) \\ &= 0{,}58 * 1 + 0{,}42 * 0 = 0{,}58 \end{aligned}$$

Wie zuvor schon für den allgemeinen Fall gezeigt wurde, ergibt sich gerade die zuvor bestimmte Wahrscheinlichkeit als Wert des Erwartungsnutzens. Man hätte dies für das Beispiel natürlich nicht extra berechnen müssen. Die Risiko-Nutzen-Funktion hat also bei e=400 einen Funktionswert von 0,58.

5) Entsprechend den Schritten 2) bis 4) können für weitere Ergebniswerte Funktionswerte der Risiko-Nutzen-Funktion bestimmt werden. Aus den gefundenen Funktionswerten kann man dann den Verlauf der Risiko-Nutzen-Funktion schätzen.

Auf die zuvor beschriebene Weise können beliebig viele Punkte der Risiko-Nutzen-Funktion bestimmt werden. Man kann diese Punkte dann in ein Koordinatensystem einzeichnen und eine Funktion schätzen, die die Punkte möglichst genau trifft.

5.4 μσ-Regeln

5.4.1 Grundlagen

Bei den μσ-Regeln wird ein anderer Weg zur Berücksichtigung von Risikoeinstellungen als beim Bernoulli-Prinzip beschritten. Wie der Name schon sagt, wird hier neben μ ein weiteres Verteilungsmaß, die Standardabweichung σ, in die Präferenzfunktion mit einbezogen.

Das Quadrat der Standardabweichung nennt man auch Varianz, es gilt:

$$Var_i = \sigma_i^2 = \sum_{j=1}^{n} (p_j * (e_{ij} - \mu_i)^2) = \sum_{j=1}^{n} (p_j * e_{ij}^2) - \mu_i^2$$

Die beiden Ausdrücke geben tatsächlich das Gleiche an, auch wenn man den Eindruck haben kann, dass ein Umformungsfehler aufgetreten ist. Für konkrete Berechnungen ist in der Regel der zweite Ausdruck einfacher anzuwenden. Daher wird σ nachfolgend auf der Basis des zweiten Ausdrucks angegeben:

$$\sigma_i = \sqrt{\sum_{j=1}^{n} (p_j * e_{ij}^2) - \mu_i^2}$$

Zunächst wird die μσ-Regel anhand eines Beispiels erläutert. Es seien folgende Alternativen gegeben.

a_1	p_j	0,5	0,5	a_2	p_j	0,7	0,3
	e_{1j}	0	100		e_{2j}	0	200

Die Entscheidung soll nach der μσ-Regel mit folgender Präferenzfunktion getroffen werden:

$$\Phi(a_i) = 5\mu_i - 0,5 * \sigma_i$$

Für die Erwartungswerte ergibt sich:

$$\mu_i = \sum_{j=1}^{2} p_j * e_{ij}$$

$\Rightarrow \mu_1 = 0{,}5*0 + 0{,}5*100 = 50$

$\Rightarrow \mu_2 = 0{,}7*0 + 0{,}3*200 = 60$

Mittels dieser Erwartungswerte ergibt sich für σ_i:

$$\sigma_1 = \sqrt{0{,}5*0^2 + 0{,}5*100^2 - 50^2} = 50$$

$$\sigma_2 = \sqrt{0{,}7*0^2 + 0{,}3*200^2 - 60^2} = 91{,}65$$

Setzt man die errechneten Werte in die Präferenzfunktion ein, so folgt:

$$\Phi(a_1) = 5*50 - 0{,}5*50 = 225$$

$$\Phi(a_2) = 5*60 - 0{,}5*91{,}65 = 254{,}2$$

Da die Alternative 2 den höheren Präferenzwert hat, wird diese gewählt.

Natürlich können $\mu\sigma$-Regeln auch deutlich andere Präferenzfunktionen als die zuvor angegebenen haben, es müssen nur μ und σ in der Präferenzfunktion vorkommen. Von besonderer Bedeutung sind z. B. bestimmte $\mu\sigma$-Regeln, bei denen σ^2 in die Präferenzfunktion eingeht. Bisweilen spricht man hier auch von $\mu\sigma^2$-Regeln.

5.4.2 Sicherheitsäquivalent bei $\mu\sigma$-Regeln

Die Definition des Sicherheitsäquivalents war schon im Rahmen der Ausführungen zum Bernoulli-Prinzip angeführt worden. Nachfolgend wird auf die Besonderheit der Berechnung des Sicherheitsäquivalents bei $\mu\sigma$-Regeln eingegangen. Das Sicherheitsäquivalent ist hierbei der sichere Wert, der den gleichen Präferenzwert wie die entsprechende Alternative hat. Für einen sicheren Wert gilt:

$$\mu = SÄ \text{ und } \sigma_{SÄ} = 0$$

Für die zuvor betrachtete Aufgabe soll nun das Sicherheitsäquivalent bestimmt werden. Die Alternative 2 hatte sich mit einem Präferenzwert von 254,2 als die vorteilhafte Alternative ergeben. Für das Sicherheitsäquivalent ergibt sich entsprechend den vorherigen Ausführungen:

$$254{,}2 = 5*SÄ - 0{,}5*0$$

$$\Leftrightarrow 254{,}2 = 5*SÄ$$

$$\Leftrightarrow SÄ = 50{,}84$$

5.4.3 Risikoeinstellung und μσ-Regeln

Wenn bei einer μσ-Regel das σ mit einem negativen Vorzeichen eingeht, so ist der Entscheidungsträger risikoscheu, denn in diesem Fall sinkt der Präferenzwert, wenn die Streuung (σ) zunimmt. Zusätzliches Risiko wird negativ bewertet.

Bei einem positiven Vorzeichen vor dem σ-Term handelt es sich entsprechend um einen risikofreudigen Entscheidungsträger. Eine größere Streuung erhöht den Präferenzwert.

Im Allgemeinen kann σ natürlich auch in komplizierterer Form in die Präferenzfunktion eingehen, so dass man nicht einfach anhand eines Vorzeichens auf die Risikoeinstellung schließen kann. In solchen Fällen kann man die Ableitung der Präferenzfunktion nach σ bilden. Ist diese Ableitung positiv, so liegt Risikofreude vor, ist sie negativ, handelt es sich um Risikoscheu.

5.4.4 μσ-Diagramme

Man kann die Präferenzen von μσ-Regeln in einem Diagramm einzeichnen. Hierbei stellt man die Indifferenzkurven der Präferenz in dem Diagramm dar. Die Indifferenzkurven sind Linien, entlang denen der Präferenzwert konstant, also indifferent ist. Die entsprechenden Diagramme nennt man μσ-Diagramme. Für die zuvor betrachtete Präferenzfunktion sind nachfolgend die Indifferenzkurven in ein μσ-Diagramm eingezeichnet worden. Zunächst wird die gegebene Präferenzfunktion nach σ[1] aufgelöst:

$$\Phi(a_i) = \mu_i - 0{,}1 * \sigma_i \quad | -\mu_i$$

$$\Leftrightarrow \Phi(a_i) - \mu_i = -\,0{,}1 * \sigma_i \quad | *(-10)$$

$$\Leftrightarrow -10\Phi(a_i) + 10\mu_i = \sigma_i$$

Wenn man nun für Φ bestimmte Werte vorgibt, so erhält man die Funktionsvorschrift der zugehörigen Indifferenzlinie, die man in das Diagramm einzeichnen kann. Nachfolgend wurden für Φ die Werte 30, 10

1: Man kann die Achsen bei μσ-Diagrammen auch umdrehen und σ auf der x-Achse und μ auf der y-Achse abtragen. In diesen Fällen würde man die Präferenzfunktion am besten nach μ auflösen.

und −10 gewählt, so ergeben sich die Geradengleichungen:

$$\sigma_i = 10\,\mu_i - 30$$

$$\sigma_i = 10\,\mu_i - 10$$

$$\sigma_i = 10\,\mu_i + 10$$

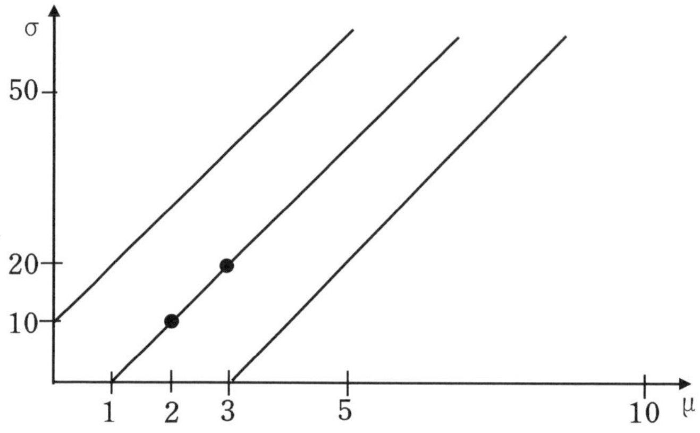

Mittels eines Punktes auf der Geraden und der Steigung von 10 können die Geraden nun eingezeichnet werden:

Da ein höherer Erwartungswert generell als positiv beurteilt wird, steigen die Präferenzen im $\mu\sigma$-Diagramm nach rechts hin immer an.

An dem Verlauf der Indifferenzlinien im $\mu\sigma$-Diagramm lässt sich die Risikoeinstellung des Entscheidungsträgers ablesen. In dem Diagramm sind zwei Punkte gekennzeichnet worden, die beide auf derselben Indifferenzlinie liegen. Bei dem einen Punkt ist $\mu=2$ und $\sigma=10$, bei dem anderen $\mu=3$ und $\sigma=20$. Da beide Punkte auf derselben Indifferenzkurve liegen, ergeben sie denselben Präferenzwert, und der Entscheidungsträger stuft sie als gleichwertig ein. Wie kann man aus diesen beiden Punkten einen Rückschluss auf die Risikoeinstellung des Entscheidungsträgers ziehen?

Generell wird ein höherer Erwartungswert als vorteilhaft bewertet. Der zweite Punkt hat einen höheren Erwartungswert ($\mu=3$); dass trotzdem beide Punkte den gleichen Präferenzwert liefern, muss an der Bewertung der Streuung liegen. Der zweite Wert hat die größere Streuung. Somit muss der Entscheidungsträger in diesem Fall risikoscheu sein, denn nur dann wird der größere Wert für σ als nachteilig bewertet und die Punkte können tatsächlich gleichwertig sein.

Die vorherige Überlegung lässt sich natürlich verallgemeinern. Immer dann, wenn die Indifferenzlinien eine positive Steigung haben (von links-unten nach rechts-oben laufen), gilt der zuvor angeführte Zusammenhang für alle Punkte auf den Indifferenzlinien. In diesen Fällen ist der Entscheidungsträger risikoscheu.

Sehr einfach lässt sich in einem $\mu\sigma$-Diagramm auch das Sicherheitsäquivalent ablesen. Bei einem sicheren Wert ist die Streuung Null. Da σ gerade auf der μ-Achse Null ist, ergibt sich das Sicherheitsäquivalent also gerade als der Schnittpunkt der Indifferenzlinie mit der μ-Achse.

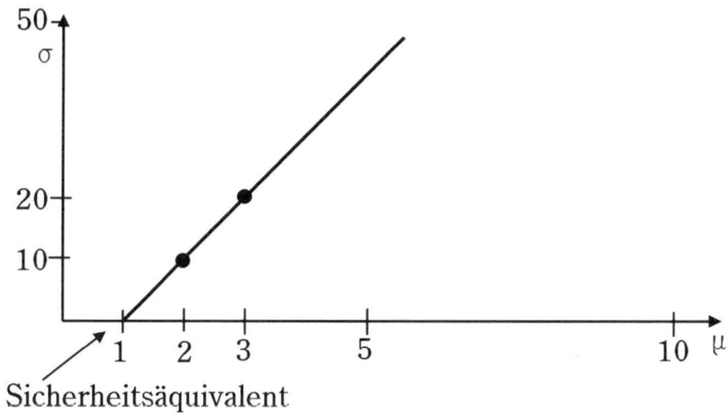

In der Zeichnung wurde das Sicherheitsäquivalent zu der Indifferenzlinie mit den beiden eingezeichneten Punkten dargestellt. Alle Punkte auf der Indifferenzlinie haben somit das Sicherheitsäquivalent 1. Man kann sich als Bedingung für einen risikoscheuen Entscheidungsträger auch merken, dass das Sicherheitsäquivalent der am weitesten links liegende Wert im $\mu\sigma$-Diagramm sein muss.

Wenn ein Entscheidungsträger risikoneutral ist, so steht er einer unterschiedlichen Streuung neutral gegenüber. Allein der Erwartungswert zählt für ihn. Entsprechend drücken $\mu\sigma$-Regeln gerade dann eine risikoneutrale Einstellung aus, wenn in der Präferenzfunktion kein σ auftaucht, sie sozusagen zum einfachen μ-Prinzip degenerieren. Im $\mu\sigma$-Diagramm drückt sich die Bedeutungslosigkeit von σ dadurch aus, dass die Indifferenzlinien senkrecht verlaufen. Der Präferenzwert ist überall dort identisch, wo μ identisch ist:

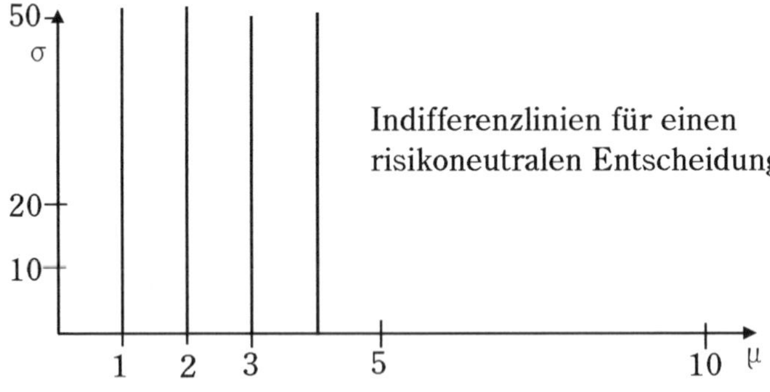

Bei einem risikofreudigen Entscheidungsträger wird die Streuung positiv bewertet; wenn die Streuung abnimmt, muss dies entlang einer Indifferenzlinie somit durch ein höheres μ kompensiert werden. In der nachfolgenden Zeichnung sind die entsprechenden Indifferenzlinien für einen risikofreudigen Entscheidungsträger eingezeichnet worden:

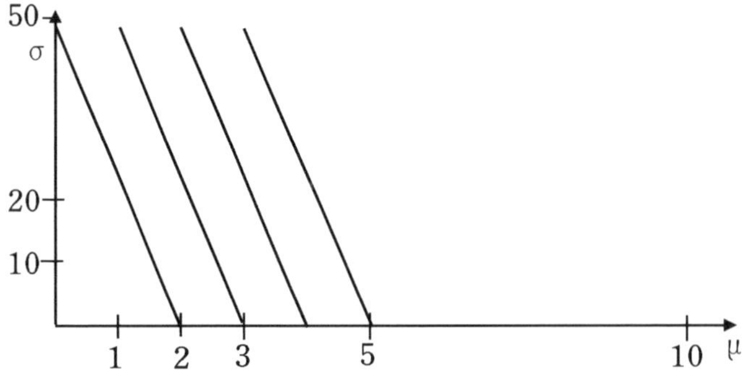

In allen Zeichnungen waren die Indifferenzlinien als Geraden gezeichnet worden. Dies muss nicht immer so sein. Nur wenn μ und σ, wie in dem zuvor betrachteten Beispiel, linear in die Präferenzfunktion eingehen, ergeben sich gerade Indifferenzlinien. Wenn z. B. σ quadratisch in die Präferenzfunktion eingeht (etwa: $\Phi(a_i) = \mu_i - 2 * \sigma_i^2$), sind die Indifferenzkurven keine Geraden mehr. $\mu\sigma$-Regeln, bei denen das σ im Quadrat eingeht, werden bisweilen auch als $\mu\sigma^2$-Regeln bezeichnet.

5.4.5 Rationalität von μσ-Regeln

Nachfolgend soll zunächst gezeigt werden, dass μσ-Regeln zur Auswahl einer Alternative, die von einer anderen dominiert wird, führen können.

Es sei folgende Ergebnismatrix gegeben:

	z_1	z_2
p	0,4	0,6
a_1	0	100
a_2	100	900

Weiterhin sei folgende Präferenzfunktion gegeben:

$$\Phi(a_i) = \mu_i - 2 * \sigma_i$$

Für die beiden Alternativen ergibt sich:

$$\Rightarrow \mu_1 = 0{,}4*0 + 0{,}6*100 = 60$$
$$\Rightarrow \mu_2 = 0{,}4*100 + 0{,}6*900 = 580$$

Mittels dieser Erwartungswerte ergibt sich für σ_i:

$$\sigma_1 = \sqrt{0{,}4*0^2 + 0{,}6*100^2 - 60^2} = 48{,}99$$

$$\sigma_2 = \sqrt{0{,}4*100^2 + 0{,}6*900^2 - 580^2} = 391{,}92$$

Somit ergeben sich folgende Präferenzwerte:

$$\Phi(a_1) = 60 - 2 * 48{,}99 = -37{,}98$$

$$\Phi(a_2) = 580 - 2 * 391{,}92 = -203{,}84$$

Der Präferenzwert der ersten Alternative ist größer (bei negativen Zahlen ist die "weniger negative" die größere). Somit ergibt sich nach der μσ-Regel mit der angegebenen Präferenzfunktion eine Entscheidung zugunsten von a_1. Allerdings wird a_1 von a_2 dominiert. Sicherlich würde sich kein vernünftiger Mensch in der angeführten Entscheidungssituation für die Alternative 1 entscheiden.

> μσ-Regeln können gegen das Dominanzprinzip (Zustandsdominanz) verstoßen.

Wenn man ganz allgemein die Rationalität von μσ-Regeln untersuchen will und die Axiome des Bernoulli-Prinzips als rational akzeptiert, so muss man überprüfen, ob die μσ-Regeln kompatibel zum Bernoulli-Prinzip sind. Es kann gezeigt werden, dass nur $\mu\sigma$-Prinzipien von einem ganz bestimmten Typ diese Bedingung erfüllen. Die Präferenzfunktion muss folgende Gestalt haben:

$$\Phi(a_i) = \mu_i - \alpha * (\mu_i^2 + \sigma_i^2) \quad (\alpha > 0)$$

Auf Seiten des Bernoulli-Prinzips ergibt sich für diese Präferenzfunktion folgende Gestalt für die Nutzenfunktionen:

$$u(e_{ij}) = e_{ij} - \alpha * e_{ij}^2$$

Eine derartige Parabel macht nur in ihrem aufsteigenden Ast als Nutzenfunktion einen Sinn. Für das Maximum dieser Parabel ergibt sich (erste Ableitung gleich Null setzen) $e_{ij} = \frac{1}{2\alpha}$. Die angeführte Nutzenfunktion macht somit nur für die Ergebniswerte, die kleiner als $\frac{1}{2\alpha}$ sind, Sinn. Sämtliche auftretenden Ergebniswerte müssen unterhalb dieses Wertes liegen.

5.4.6 Anwendungen der $\mu\sigma$-Regeln: Portefeuilletheorie

Aufgrund der bisherigen Ausführungen mag man sich fragen, wieso $\mu\sigma$-Regeln in der vorherigen Ausführlichkeit betrachtet wurden. Sie können gegen das Dominanzprinzip verstoßen und sind nur in bestimmten Fällen kompatibel zum Bernoulli-Prinzip. Warum reicht es dann nicht, sich auf die Betrachtung des Bernoulli-Prinzips zu beschränken?

Eine Antwort auf diese Frage gibt die Portefeuilletheorie, denn hier spielen $\mu\sigma$-Regeln eine wichtige Rolle. Ausgangspunkt der Portefeuilletheorie ist die Frage, wie ein Wertpapierportefeuille (die Zusammenstellung der Wertpapiere, in die man investiert) optimal zusammengestellt werden soll. Allerdings können auch ganz allgemein "Mischungen" von beliebigen risikobehafteten Alternativen betrachtet werden.

Nachfolgend werden die Grundideen[1] der Portefeuilletheorie beschrieben.

1: Eine ausführliche Darstellung der Zusammenhänge findet sich z. B. in Bitz, Michael (1981): Entscheidungstheorie. Etwas ausführlicher als in diesem Buch werden die Zusammenhänge zudem in folgendem Buch behandelt: Dörsam, Peter (2003): Grundlagen der Investitionsrechnung.

Über die zukünftigen Erträge von Wertpapieren besteht im Allgemeinen Unsicherheit. Wenn man für die möglichen Zustände die Auszahlungen und die Wahrscheinlichkeiten, mit denen diese Zustände eintreten, kennt, so handelt es sich um eine Entscheidungssituation unter Risiko. Dies sei nachfolgend vorausgesetzt.

Der Investor strebt nach einer möglichst hohen Rendite. Weiterhin wird im Rahmen der Portefeuilletheorie in der Regel unterstellt, dass der Investor risikoscheu ist. Nun könnte man meinen, dass man einfach nur für die zur Verfügung stehenden Wertpapiere jeweils μ und σ ausrechnen und dann das Wertpapier mit dem höchsten Präferenzwert bestimmen müsste. Diese Betrachtung greift allerdings zu kurz, denn durch die Mischung von Wertpapieren lassen sich quasi neue Wertpapiere konstruieren, die "gemischten Wertpapiere" haben ein eigenes μ und σ, und man muss somit für sie einen eigenen Präferenzwert bestimmen.

Die Mischung von Wertpapieren wird in besonderem Maße vorteilhaft, wenn sich die Risiken der einzelnen Wertpapiere gegenseitig aufheben (dies ergibt sich, wenn die Wertpapiere negativ korreliert sind). Als Beispiel sei angenommen, ein Investor habe die Auswahl zwischen den Wertpapieren eines Regenschirmproduzenten und einer Firma, die Ventilatoren herstellt. Je nachdem wie der nächste Sommer wird, werden sich entweder die Regenschirme oder die Ventilatoren gut verkaufen. Wenn der Investor nur in die Regenschirm- oder nur in die Ventilatorenfirma investiert, geht er ein recht hohes Risiko ein. Durch eine Investition in Wertpapiere von beiden Firmen kann er hingegen das Risiko stark reduzieren.

Für den Erwartungswert und die Varianz (die Varianz ist das Quadrat der Standardabweichung) eines aus zwei Wertpapieren (A und B) bestehenden Portefeuille ergibt sich[1]:

$$\mu_P = a * \mu_A + (1-a) * \mu_B$$

a stellt hierbei den Anteil des Wertpapieres A am Portefeuille dar. Ent-

1: In der Regel betrachtet man einen Einperiodenfall. μ steht dann für die erwartete Rendite der jeweiligen Wertpapiere. Statt die Anteile mit a und (a-1) zu bezeichnen, ist es oft üblich, diese mit x_A und x_B anzugeben. Es gilt dann weiterhin $x_A + x_B = 1$.

sprechend ist (1-a) der Anteil des Wertpapieres B. Für die Varianz ergibt sich abhängig von den Standardabweichungen der einzelnen Wertpapiere:

$$\sigma_P^2 = a^2 * \sigma_A^2 + (1-a)^2 * \sigma_B^2 + 2\, a*(1-a)*\sigma_{AB}$$

σ_{AB} ist hierbei die **Kovarianz** der beiden Wertpapiere. Es seien nachfolgend die einzelnen Renditen der Wertpapiere für die möglichen Umweltzustände mit r_{Aj} und r_{Bj} bezeichnet, so gilt für die Kovarianz:

$$\sigma_{AB} = cov_{AB} = \sum_{j=1}^{n}((r_{Aj} - \mu_A)(r_{Bj} - \mu_B)* p_j)$$

Da die Kovarianz nicht normiert ist, kann man an ihrer Größe nicht ablesen, wie stark der Zusammenhang zwischen den Ergebniswerten der Wertpapiere ist. Eine normierte Größe erhält man, indem man die Kovarianz durch die beiden Standardabweichungen teilt. Die sich hierbei ergebende Größe nennt man den **Korrelationskoeffizienten** (ρ, gesprochen: Rho).

$$\rho_{AB} = \frac{\sigma_{AB}}{\sigma_A * \sigma_B}$$

Der Korrelationskoeffizient kann Werte zwischen -1 und 1 annehmen. Bei einem Wert von 1 sind die Wertpapiere vollkommen positiv[1] und bei einem Wert von -1 vollkommen negativ[2] korreliert. Bei einem Wert von 0 besteht zwischen den Wertpapieren keine Korrelation.

Die Formel für die Portefeuillevarianz kann mittels des Korrelationskoeffizienten auch folgendermaßen geschrieben werden:

1: Eine Korrelation von 1 könnte man z. B. für den Absatz von zwei Eisverkäufern, die an verschiedenen, aber nicht weit voneinander entfernt liegenden Stränden verkaufen, erwarten. Entscheidend für den Eisverkauf ist das Wetter, dieses ist an beiden Stränden identisch, andererseits liegen die Strände so weit voneinander entfernt, dass sich die Verkäufer keinerlei Konkurrenz machen.

2: Eine Korrelation von -1 würde man z. B. zwischen der Rendite von Burger King und Mc Donalds erwarten, wenn man davon ausgehen würde, daß die gesamte Nachfrage nach Burgern und die Kosten und Verkaufspreise der beiden Konzerne keinerlei Schwankungen unterlägen und es weiterhin keine anderen Konkurrenten auf diesem Markt gäbe (die Annahmen sind sicherlich nicht sehr realistisch). In diesem Fall würde eine Zunahme des Gewinns des einen Konzerns auf einer Abnahme des Gewinns des anderen Konzerns beruhen, die Situation wäre genau gegenläufig.

$$\sigma_P^2 = a^2 * \sigma_A^2 + (1-a)^2 * \sigma_B^2 + 2\, a*(1-a)*\sigma_A*\sigma_B*\rho_{AB}$$

Denn es gilt:

$$\sigma_A*\sigma_B*\rho_{AB} = \sigma_{AB}$$

Abhängig von der Korrelation können nun einige Spezialfälle untersucht werden:

1) ρ = 1 / vollkommene positive Korrelation

In diesem Fall ergibt sich:

$$\sigma_P^2 = a^2 * \sigma_A^2 + (1-a)^2 * \sigma_B^2 + 2\, a*(1-a)*\sigma_A*\sigma_B$$

$$\Leftrightarrow \sigma_P^2 = (a * \sigma_A + (1-a) * \sigma_B)^2$$

Die Umformung entspricht gerade einer Binomischen Formel. Zum Nachrechnen löst man am besten bei dem unteren Ausdruck die Klammer wieder auf. Aus der unteren Gleichung kann man nun noch die Wurzel ziehen[1]:

$$\Rightarrow \sigma_P = a * \sigma_A + (1-a) * \sigma_B$$

Somit ergibt sich in diesem Fall die Standardabweichung des Portefeuilles als gewichtetes Mittel der einzelnen Standardabweichungen. Die Berechnung ist also analog zur Berechnung des Erwartungswertes als gewichtetes Mittel der einzelnen Erwartungswerte.

Die verschiedenen Portefeuilles, die sich in diesem Fall durch die Variation der Mischungsanteile a erreichen lassen, liegen alle auf einer Geraden, die die Punkte für A und B im $\mu\sigma$-Diagramm verbindet. Durch die Mischung der Wertpapiere A und B können also alle Portefeuilles, die auf der Geraden liegen, erreicht werden. Die Linie, auf der alle erreichbaren Portefeuilles liegen, nennt man **Portefeuillelinie**.

In der nebenstehenden Graphik ist die Portefeuillelinie eingezeichnet.

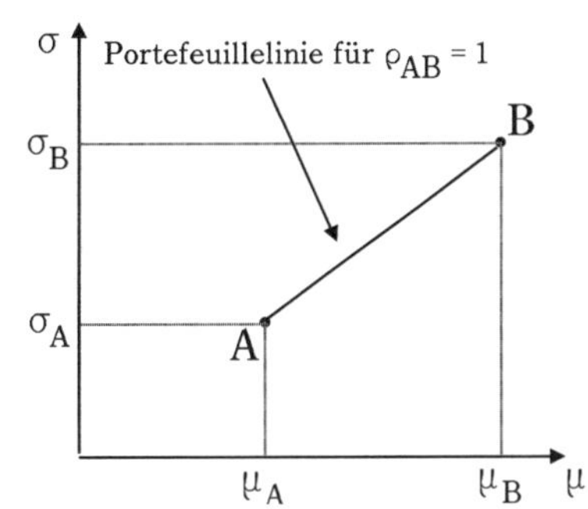

1: Die negative Wurzel musste nicht berücksichtigt werden, denn die Standardabweichung ist nur für positive Werte definiert.

2) $\rho = -1$ / vollkommene negative Korrelation

In diesem Fall ergibt sich:

$$\sigma_P^2 = a^2 * \sigma_A^2 + (1-a)^2 * \sigma_B^2 - 2\, a*(1-a)*\sigma_A*\sigma_B$$

$$\Leftrightarrow \sigma_P^2 = (a * \sigma_A - (1-a) * \sigma_B)^2$$

$$\Leftrightarrow \sigma_P = \pm\, (a * \sigma_A - (1-a) * \sigma_B)$$

Da die Standardabweichung immer positiv sein muss, ist bei dem rechten Ausdruck das Vorzeichen gerade so zu wählen, dass die rechte Seite insgesamt positiv wird. Man kann erkennen, dass es eine Mischung a gibt, für die die Standardabweichung des Portefeuilles Null wird. In der nebenstehenden Zeichnung wurde dieser Punkt (C) eingezeichnet.

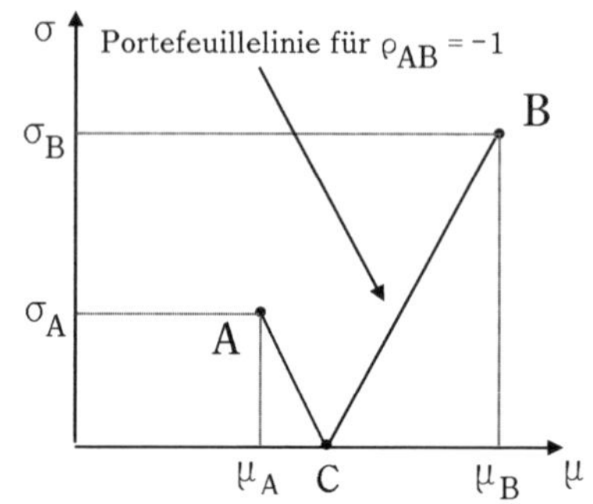

Im Falle von vollständiger negativer Korrelation ist es also stets möglich, ein Mischungsverhältnis zu finden, für das das Risiko Null wird. Da für die Investoren ein risikoscheues Verhalten unterstellt wurde, kann man weiterhin folgern, dass der Abschnitt der Portefeuillelinie zwischen A und C für die Entscheidung irrelevant ist, denn im Punkt C ist der Erwartungswert höher und die Streuung niedriger als bei allen anderen Punkten auf der Strecke $\overline{AC}$.

3) $-1 < \rho < 1$

Die Portefeuillelinie verläuft in diesen Fällen zwischen den Portefeuillelinien der beiden zuvor betrachteten Extremfälle. Die Portefeuillelinien verlaufen in der nebenstehenden Graphik also innerhalb des eingezeichneten Dreiecks. Wenn ρ sehr nahe bei 1 liegt, so laufen sie "oben" im Dreieck, wenn ρ nahe bei -1 liegt, kommen sie dem Punkt C recht nahe.

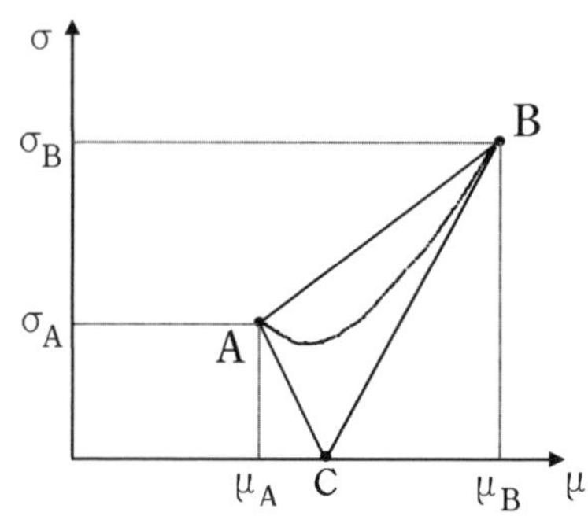

6 Aufgaben

6.1 Allgemeine Aufgaben

1.A a) Erklären Sie Ergebnis- und Entscheidungsmatrix.

b) Erläutern Sie anhand eines Bespiels, warum ggf. eine Ergebnismatrix in eine Entscheidungsmatrix umgeformt werden muss.

1.B Generell gilt, dass die "Qualität der Informationen" und die „Qualität der Entscheidungen" positiv korrelieren. Diskutieren Sie die Frage, ob und inwieweit die Gewinnung zusätzlicher Informationen sinnvoll ist.

6.2 Mehrere Ziele

2.A a) Nennen Sie drei wichtige Funktionen, die betriebliche Ziele zu erfüllen haben.

b) Erläutern Sie, was im Zusammenhang mit der Zielformulierung unter dem sog. "Anspruchsniveau" verstanden wird.

2.B Ein Entscheidungsproblem sei durch drei Ziele (z_1, z_2, z_3), die der Entscheidungsträger verfolgt, und drei Handlungsalternativen (a_1, a_2, a_3) gekennzeichnet und in der folgenden Matrix abgebildet:

	z_1	z_2	z_3
a_1	e_{11}	e_{12}	e_{13}
a_2	e_{21}	e_{22}	e_{23}
a_3	e_{31}	e_{32}	e_{33}

Nennen bzw. beschreiben Sie wichtige Überlegungen, die der Entscheidungsträger anstellen muss, um die optimale Handlungsalternative bestimmen zu können.

2.C Ein Unternehmen verfolgt mehrere Ziele gleichzeitig.

Ziel A: möglichst hoher Umsatz
Ziel B: möglichst hoher Gewinn
Ziel C: möglichst hohe Rentabilität

Diese drei Ziele wurden von der Unternehmensleitung als komplementär eingestuft. Eine von der Controlling-Abteilung ausgearbeitete Analyse ergab, dass bei steigender Produktions-/Absatzmenge x der erzielbare Preis p, die Kosten K und der notwendige Kapitaleinsatz KE sich wie folgt verändern werden:

x (Tsd. Stück)	30	40	50	60
p (EUR/Stück)	5,5	5	4,5	4
K (Tsd. EUR)	80	90	100	110
KE (Tsd. EUR)	400	440	500	530

a) Ermitteln Sie für die angegebenen Produktions-/Absatzmengen:

A: Umsatz (Tsd. EUR)				
B: Gewinn (Tsd. EUR)				
C: Rentabilität (%)				

b) Überprüfen Sie, in welcher Beziehung die drei Ziele in den angegebenen Mengenbereichen zueinander stehen.

6.3 Entscheidung unter Ungewissheit

3.A Ein Entscheidungsträger hat zwischen fünf Aktionen (a_i) zu wählen, für die keine Eintrittswahrscheinlichkeiten bekannt sind.

	s_1	s_2	s_3	s_4	s_5	s_6
a_1	2	6	2	6	6	6
a_2	-24	2	4	-10	-20	12
a_3	-20	20	10	-10	-20	20
a_4	0	4	2	6	4	0
a_5	18	10	6	4	-2	-6

a) Welche Art von Entscheidungssituation liegt vor?

b) Eliminieren Sie die ineffizienten Alternativen!

c) Ermitteln Sie aus den verbliebenen Alternativen die optimale Alternative nach der Laplace-Regel!

d) Welche Kritik ist gegenüber der Laplace-Regel angebracht?

3.B Eine Entscheidungssituation bei Ungewissheit zeigt folgende Ergebnisse:

	s_1	s_2	s_3	s_4	s_5
A_1	20	25	40	80	100
A_2	-10	50	50	50	60
A_3	40	40	40	40	40

a) Ermitteln Sie die optimale Entscheidung nach "maximin" (Wald) und nach "Savage-Niehans".

b) Erläutern Sie, warum der Zustandsraum S_j vollständig und ohne Redundanzen beschrieben werden muss.

3.C a) Was drückt der bei Anwendung der Hurwicz-Regel benötigte Optimismus-Parameter λ (bzw. $1-\lambda$) aus?

b) Erläutern Sie, inwieweit sowohl die Maximin- als auch die Maximax-Regel als Spezialfälle des Hurwicz-Kriteriums angesehen werden können!

3.D In der folgenden Ergebnismatrix sind die jeweiligen Gewinnerwartungen eines Entscheidungsträgers abgebildet:

	s_1	s_2	s_3
a_1	110	115	130
a_2	118	118	118

(s_1-s_3: Umweltzustände | a_1, a_2: Handlungsalternativen)

a) Welche Alternative wählt der Entscheidungsträger bei Anwendung der Hurwicz-Regel (Annahme: Optimismusparameter λ = 0,4)?

b) Wie beurteilen Sie das Ergebnis unter a)?

3.E Gegeben sei folgende Ergebnismatrix:

	s_1	s_2	s_3	s_4
a_1	20	30	60	30
a_2	10	100	120	30
a_3	50	110	-30	150

Welche Entscheidung ergibt sich nach der Savage-Niehans-Regel?

3.F In der folgenden Ergebnismatrix sind die jeweiligen Gewinnerwartungen eines Entscheidungsträgers abgebildet:

	s_1	s_2	s_3
a_1	50	60	70
a_2	60	60	60

(s_1-s_3: Umweltzustände | a_1, a_2: Handlungsalternativen)

a) Welche Alternative wählt der Entscheidungsträger bei Anwendung der Laplace-Regel?

b) Wie beurteilen Sie das Ergebnis unter a)?

6.4 Entscheidung unter Risiko

4.A Bestimmen Sie für die folgende Handlungsmöglichkeit (a)

Umweltsituation	s_1	s_2	s_3
Wahrscheinlichkeit p:	0,25	0,5	0,25
Gewinn (G)/in EUR	60	120	360

a) den Erwartungswert,

b) den Erwartungswert des Risikonutzens, wenn für den Entscheidungsträger die folgende Risiko-Nutzen-Funktion gilt:

$$RNF(G) = -0{,}02G^2 + 10G; \quad \text{für } 0 \leqq G \leqq 360.$$

c) Welche Risikoeinstellung ist für den Entscheidungsträger kennzeichnend (rechnerischer Nachweis mit Hilfe des Sicherheitsäquivalents erforderlich)?

4.B Ein Unternehmer verfügt über die Bernoulli-Risikonutzenfunktion

$$U(x) = 2x - \frac{x^2}{100.000}; \quad (\text{für } 0 \leqq x \leqq 100.000)$$

Er erwartet aus zwei mit Risiko behafteten Investitionen folgende Ergebnisse:

Die Investition 1 erbringt nach seiner Einschätzung mit gleicher Wahrscheinlichkeit entweder einen Gewinn von EUR 30.000 oder EUR 50.000.

Die Investition 2 erbringt ebenfalls mit gleicher Wahrscheinlichkeit entweder einen Gewinn von EUR 10.000 oder EUR 80.000.

Für welche Investition wird er sich entscheiden?

4.C Erläutern Sie das "Unabhängigkeitsaxiom" (Substitutionsaxiom).

4.D Was versteht man im Zusammenhang mit Entscheidungen bei Risiko unter einem Sicherheitsäquivalent und wozu wird es benötigt?

4.E Ein Anleger erhält als Werbeprämie von seiner Bank eine Aktie. Er kann sich eine von zwei unterschiedlichen Aktien aussuchen. Die Wertentwicklung der Aktien hängt von der Entwicklung der gesamten Wirtschaftslage ab. Hierbei sind die Ausprägungen „sehr gut", „gut", „mittel" und „schlecht" möglich. Das Eintreten der verschiedenen Wirtschaftslagen hält der Anleger für gleichwahrscheinlich.

	sehr gut	gut	mittel	schlecht
Aktie 1	1.600	900	49	0
Aktie 2	900	400	361	100

(alle Ergebniswerte in EUR)

a) Wie würde der Anleger nach der Bayes-Regel entscheiden?

b) Wie entscheidet sich der Anleger, wenn er nach dem Bernoulli-Kriterium entscheidet und seine Risikonutzenfunktion folgendermaßen lautet:

$$u = 0{,}1 * \sqrt{e_{ij}}$$

c) Welche Risikoeinstellung hat der Anleger bei a) und welche bei b)?

d) Welchen Betrag müsste die Bank dem Anleger bei b) mindestens bieten, damit er auf die gewählte Aktie verzichten würde?

4.F Warum lässt sich die Bayes-Regel als Sonderfall des Bernoulli-Prinzips auffassen?

4.G Ein Aktienpaket wird für 10 Mio. EUR angeboten. Bei einem kurzfristigem Wiederverkauf werden je nach Börsenentwicklung folgende Nettoerlöse für möglich gehalten:

Börsensituation	s_1	s_2	s_3
Wahrscheinlichkeiten:	0,3	0,4	0,3
Nettoerlös (Mio. EUR)	7	10	13

a) Was gilt für die Höhe des Sicherheitsäquivalents von Käufer und Verkäufer, wenn es zu einem von beiden Seiten als vorteilhaft eingeschätzten Verkaufsabschluss kommen soll?

b) Welche Risikoeinstellung haben Käufer und Verkäufer im Fall des Kaufabschlusses?

4.H Ein Kapitalanleger muss sich zwischen den folgenden Investitionsobjekten entscheiden: Die erste Investition erbringt mit einer Wahrscheinlichkeit von 55% einen Gewinn von EUR 40.000 und mit einer Wahrscheinlichkeit von 45% einen Gewinn von EUR 50.000.

Die zweite Investition erbringt mit der Wahrscheinlichkeit von 55% einen Gewinn von EUR 20.000 und mit der Wahrscheinlichkeit von 45% einen Gewinn von EUR 80.000.

a_1) Welche Alternative wählt der Anleger, wenn er sich nach der Bayes-Regel richtet?

a_2) Welche Risikoeinstellung ist damit verbunden?

b_1) Weisen Sie nach, dass sich der Investor für die 1. Alternative entscheidet, wenn er sich nach dem Bernoulli-Prinzip richtet und über die folgende persönliche Nutzenfunktion verfügt:

$$u(x) = -(x^2/100.000) + 2x$$

b_2) Erörtern Sie die Risikoeinstellung entsprechend der zugrunde liegenden Nutzenfunktion.

4.I Die $\mu\sigma$-Regel wird auf Entscheidungen unter Risiko bzw. Unsicherheit angewendet. Auf welche Weise spiegeln sich die Zielvorstellungen des Entscheidungsträgers in den Größen μ und σ wider?

7 Lösungen zu den Aufgaben

7.1 Allgemeine Aufgaben

1.A a) In der Ergebnismatrix stehen die einzelnen Ergebnisse e_{ij}. In der Entscheidungsmatrix stehen hingegen die den jeweiligen Ergebnissen zugeordneten Nutzenwerte ($U(e_{ij})$). Diese Nutzenwerte ergeben sich aus der individuellen Risiko-Nutzen-Funktion des Entscheidungsträgers.

b) Es sei beispielsweise folgende Ergebnismatrix gegeben:

	s_1	s_2
p	0,5	0,5
a_1	0	100
a_2	50	50

Wenn man bezüglich dieser Ergebnismatrix die Erwartungswerte berechnet, so erhält man für beide Alternativen einen Erwartungswert von 50. Bezüglich des μ-Kriteriums sind die beiden Alternativen also gleichwertig. Wenn es sich z. B. um einen risikoscheuen Entscheidungsträger mit der Risiko-Nutzenfunktion $U(e_{ij}) = \sqrt{e_{ij}}$ handelt, so wird dieser die beiden Alternativen keinesfalls für gleichwertig halten. Er wird die Alternative a_2 bevorzugen. Durch Anwendung der Risiko-Nutzen-Funktion auf die Ergebnismatrix erhält man die in diesem Fall sinnvollere Entscheidungsmatrix.

1.B Die Frage ist, in welchem Verhältnis die Kosten für die Gewinnung zusätzlicher Informationen zu dem Nutzen aus diesen Informationen stehen. Die positive Korrelation bedeutet, dass eine bessere Qualität der Information zu einer besseren Qualität der Entscheidung führt. Um die Qualität der Information zu verbessern, müssen Kosten aufgewendet werden. Die bessere Qualität der Entscheidung führt andererseits zu einem höheren Gewinn (Nutzen). Die Gewinnung zusätzlicher Informationen ist also genau dann sinnvoll, wenn die Kosten für die zusätzlichen

Informationen niedriger als der aufgrund der zusätzlichen Informationen erzielte Gewinn ist.

7.2 Mehrere Ziele

2.A a) Das Oberziel Gewinnmaximierung wird durch betriebliche Unterziele operationalisierbar gemacht. Es würde wenig helfen, wenn die Unternehmensführung an alle Abteilungen als einziges Ziel des Unternehmens die Gewinnmaximierung ausgäbe, weil die einzelnen Abteilungen in Unkenntnis der gesamten Datenlage dieses Ziel schon theoretisch nicht verfolgen können. In diesem Rahmen kommt betrieblichen Zielen also eine Lenkungs- und eine Motivationsfunktion zu. Darüber hinaus können betriebliche Ziele auch die Wertvorstellungen und Bekenntnisse der Unternehmensführung im Hinblick auf ihre Umwelt ausdrücken.

b) Das "Anspruchsniveau" gibt an, in welchem Umfang ein Ziel erreicht werden soll. Für die Zielgröße Umsatz könnte einerseits das Ziel der Umsatzmaximierung vorgegeben werden, es kann aber auch ein Anspruchsniveau für den Umsatz angepeilt werden. Das betriebliche Ziel ist dann die Erreichung des vorgegebenen Umsatzes. In der Zukunft wird das Anspruchsniveau dann gegebenenfalls angepasst.

2.B Zunächst muss der Entscheidungsträger feststellen, ob er bei den jeweiligen Ergebniswerten größere oder kleinere Werte präferiert. Wenn es sich z. B. um den Gewinn handelt, so wird er größere Werte präferieren. Wenn hingegen seine jährliche Steuerbelastung angegeben ist, so wird er niedrigere Werte präferieren.

Als nächstes sollte man ineffiziente Alternativen entfernen. Die ineffizienten Alternativen werden von mindestens einer anderen Alternative dominiert. D.h. es gibt eine Alternative, die bei keinem Ziel ein schlechteres Ergebnis und zumindest bei einem Ziel (z_j) ein besseres Ergebnis liefert.

Wenn mehr als eine effiziente Alternative besteht, so muss der Entscheidungsträger sich überlegen, nach welchem Entscheidungskriterium er die Auswahl zwischen den Alternativen treffen will. Wenn er ein Ziel für sehr viel wichtiger als die anderen Ziele hält, so bietet sich die lexikographische Ordnung an. Wenn dies nicht der Fall ist, so kann er durch die Zielgewichtung oder über das Bilden einer Nutzenfunktion und die Auswahl der Alternative mit dem höchsten Nutzen eine Entscheidung treffen.

2.C a) Es gilt: Umsatz = Preis * Menge
Gewinn = Umsatz - Kosten
Rendite = Gewinn/Kapitaleinsatz

Somit ergibt sich:

x (Tsd. Stück)	30	40	50	60
A: Umsatz (Tsd. EUR)	165	200	225	240
B: Gewinn (Tsd. EUR)	85	110	125	130
C: Rentabilität (%)	21,25	25	25	24,53

b) Umsatz und Gewinn sind in dem gesamten Bereich komplementäre Ziele, denn im gesamten Bereich nehmen sowohl der Umsatz als auch der Gewinn zu. Die Rentabilität ist im Bereich von 30.000 bis 40.000 zu den anderen beiden Zielen komplementär. Von 40.000 bis 50.000 steht die Rentabilität den anderen Zielen neutral gegenüber, denn in diesem Bereich ändert sich die Zielerreichung bei der Rentabilität nicht. Von 50.000 bis 60.000 ist die Rentabilität konkurrierend zu den anderen beiden Zielen.

7.3 Entscheidung unter Ungewissheit

3.A a) Es handelt sich um eine Entscheidungssituation unter Ungewissheit, denn dem Entscheidungsträger liegen keine Wahrscheinlichkeiten vor.

b) Ineffiziente Alternativen werden von anderen Alternativen dominiert. In diesem Fall wird die Alternative 2 von der Alternative 3 und die Alternative 4 von der Alternative 1 dominiert. Nachfolgend sind die beiden ineffizienten Alternativen fett hervorgehoben:

	s_1	s_2	s_3	s_4	s_5	s_6
a_1	2	6	2	6	6	6
a_2	**-24**	**2**	**4**	**-10**	**-20**	**12**
a_3	-20	20	10	-10	-20	20
a_4	**0**	**4**	**2**	**6**	**4**	**0**
a_5	18	10	6	4	-2	-6

Nach Eliminierung der ineffizienten Alternativen verbleibt also folgende Entscheidungssituation:

	s_1	s_2	s_3	s_4	s_5	s_6
a_1	2	6	2	6	6	6
a_3	-20	20	10	-10	-20	20
a_5	18	10	6	4	-2	-6

(Bei den verbliebenen Alternativen ist bei einem paarweisen Vergleich mindestens einmal die eine und einmal die andere Alternative besser.)

c) Nachfolgend ist am Ende der Tabelle für jede Alternative die Summe aller Werte aufgeführt:

	s_1	s_2	s_3	s_4	s_5	s_6	$\Phi_i = \sum_j e_{ij}$
a_1	2	6	2	6	6	6	28
a_3	-20	20	10	-10	-20	20	0
a_5	18	10	6	4	-2	-6	30

Nach der Laplace-Regel würde die Entscheidung also zugunsten der Alternative a_5 fallen.

(Statt, wie hier angeführt, einfach die Werte zu addieren, hätte man natürlich auch noch alle Werte durch die Anzahl der Umweltzustände (hier 6) teilen können.)

d) Das Ergebnis hängt maßgeblich von der Erfassung der Umweltzustände ab. Wenn z. B. ein identischer Umweltzustand doppelt erfasst wird, so ändern sich hierdurch die Präferenzwerte und es kann sich eine andere Entscheidung ergeben. Weiterhin wird bei der Laplace-Regel quasi eine "Gleichwahrscheinlichkeit" der Umweltzustände unterstellt, weil man nichts Besseres weiß. Selbst wenn man diese Einschätzung teilt, so ist das Ergebnis der Laplace-Regel dennoch nur im Falle eines risikoneutralen Entscheidungsträgers voll zu akzeptieren. Ein risikoscheuer Entscheidungsträger würde z. B. bei der vorliegenden Entscheidungssituation sicherlich die Alternative 1 der Alternative 5 vorziehen.

3.B a) Es ergeben sich folgende Minima:

	s_1	s_2	s_3	s_4	s_5	Min.
A_1	20	25	40	80	100	20
A_2	-10	50	50	50	60	-10
A_3	40	40	40	40	40	**40**

Nach der Maximin-Regel ist somit die Alternative 3, bei der sich das größte Minimum ergibt, optimal.

Bei der Savage-Niehans-Regel werden die Werte des "Bedauerns" betrachtet. Die "Bedauernswerte" ergeben sich, indem jeweils der entsprechende Ergebniswert der Matrix von dem Spaltenmaximum abgezogen wird. Es ergibt sich folgende Bedauernsmatrix:

	s_1	s_2	s_3	s_4	s_5	Max.
A_1	20	25	10	0	0	**25**
A_2	50	0	0	30	40	50
A_3	0	10	10	40	60	60

In der letzten Spalte ist für jede Alternative das maximale Bedauern eingetragen worden. Die Alternative, bei der dieses maximale Bedauern minimal ist, ist die optimale Alternative nach Savage-Niehans. Dies ist die Alternative 1.

b) Wenn der Zustandsraum S_j unvollständig beschrieben worden ist, so sind bestimmte Umweltzustände, die eintreten können, in der Matrix nicht mit berücksichtigt worden. Durch das Weglassen von Spalten kann aber die Entscheidung verfälscht werden. Wenn z. B. in der zuvor betrachteten Matrix ein sechster Umweltzustand, der für A_1 und A_3 einen Ergebniswert von -20 und bei A_2 einen Wert von 100 liefert, hinzugefügt würde, so hätte sich sowohl nach der Maximin- als auch nach der Savage-Niehans-Regel eine andere Entscheidung ergeben. In beiden Fällen wäre unter Berücksichtigung des sechsten Umweltzustandes die Alternative A_2 optimal.

Auch Redundanzen können die Ergebnisse verfälschen. Redundanzen treten auf, wenn bestimmte Umweltzustände doppelt erfasst werden. Bei den zuvor betrachteten Entscheidungsregeln ergibt sich zwar durch Redundanzen kein Unterschied in der Entscheidung (die Minima und die Werte des maximalen Bedauerns werden durch eine doppelte Spalte in der Matrix nicht verändert), aber bei der Laplace-Regel wird die Entscheidung durch Redundanzen verändert.

3.C a) Bei der Hurwicz-Regel wird das gewichtete Mittel aus dem Maximum und dem Minimum der jeweiligen Alternative gebildet. Das Maximum wird hierbei mit λ und das Minimum mit $(1-\lambda)$ gewichtet. Der Wert für λ wird als Ausdruck des Optimismus bzw. Pessimismus des Entscheidungsträgers interpretiert. $\lambda = 1$ steht für einen vollständig optimistischen Entscheidungsträger, er orientiert sich nur an dem Maximum der Alternativen, und $\lambda = 0$ steht für einen vollkommen pessimistischen Entscheidungsträger, er orientiert sich nur an dem schlechtesten Wert der Alternativen. Bei $\lambda = 0{,}5$ ist der Entscheidungsträger in diesem Sinne weder optimistisch noch pessimistisch.

b) Für $\lambda = 1$ ergibt sich:

$$\Phi(a_i) = 1 * \underset{j}{\text{Max}}\,(e_{ij}) + (1-1) * \underset{j}{\text{Min}}\,(e_{ij})$$

$$\Leftrightarrow \Phi(a_i) = \underset{j}{\text{Max}}\,(e_{ij})$$

Der Präferenzwert ergibt sich in diesem Fall also allein aus dem Maximum der jeweiligen Alternative. Damit entstpricht die Hurwicz-Regel mit $\lambda = 1$ dem Maximax-Kriterium.

Für $\lambda = 0$ ergibt sich:

$$\Phi(a_i) = 0 * \underset{j}{\text{Max}}\,(e_{ij}) + (1-0) * \underset{j}{\text{Min}}\,(e_{ij})$$

$$\Leftrightarrow \Phi(a_i) = \underset{j}{\text{Min}}\,(e_{ij})$$

Der Präferenzwert ergibt sich in diesem Fall also allein aus dem Minimum der jeweiligen Alternative. Damit enstpricht die Hurwicz-Regel mit $\lambda = 0$ dem Maximin-Kriterium.

3.D a) In der nachfolgenden Matrix sind für beide Alternativen die Präferenzwerte Φ gemäß der Hurwicz-Regel mit $\lambda = 0{,}4$ berechnet:

	s_1	s_2	s_3	Min	Max	Φ
a_1	110	115	130	110	130	118
a_2	118	118	118	118	118	118

Da sich für beide Alternativen derselbe Präferenzwert von 118 ergibt, sind nach der Hurwicz-Regel mit $\lambda = 0{,}4$ beide Alternativen gleichwertig.

b) Die Bewertung hängt von den eigenen Einstellungen ab. Wenn man sehr risikoscheu ist, so könnte man z. B. argumentieren, dass man auf jeden Fall die Alternative a_2 vorziehen würde, denn diese Alternative erbringt garantiert 118, während sich bei a_1 im schlechtesten Fall nur ein Wert von 110 ergibt.

Alternativ könnte man z. B. auch anführen, dass man sich bei Entscheidungen unter Ungewissheit generell nach der Laplace-Regel entscheiden und deshalb die Alternative a_1 vorziehen würde. Oder man könnte argumentieren, dass man tatsächlich beide Alternativen für gleichwertig hält oder dass man zwar die Hurwicz-Regel für sinnvoll hält, aber einen anderen Optimismus-Parameter wählen würde etc.

3.E Zunächst wird die Matrix des Bedauerns aufgestellt. Hierzu wird jeder Wert von dem Maximum der jeweiligen Spalte abgezogen. Anschließend wird für jede Alternative das maximal mögliche Bedauern ermittelt:

	s_1	s_2	s_3	s_4	max
a_1	30	80	60	120	**120**
a_2	40	10	0	120	**120**
a_3	0	0	150	0	150

Die Entscheidung fällt für die Alternative, bei der das maximale Bedauern minimal ist. Somit fällt die Entscheidung für Alternative 1 oder 2. (Da beide Alternativen ein maximales Bedauern von 120 haben, werden sie nach diesem Kriterium als gleichwertig erachtet.)

3.F a) In der nachfolgenden Matrix wurden die Summen der einzelnen Zeilen gebildet:

	s_1	s_2	s_3	$\Phi_i = \sum_j e_{ij}$
a_1	50	60	70	180
a_2	60	60	60	180

Da sich bei beiden Alternativen der gleiche Präferenzwert ergibt, sind die beiden Alternativen nach der Laplace-Regel gleichwertig.

b) Die meisten Entscheidungsträger dürften die beiden Alternativen nicht für gleichwertig halten. Risikoscheue Entscheidungsträger würden sicherlich die Alternative a_2 bevorzugen, denn bei dieser Alternative erhalten sie auf jeden Fall 60. Risikofreudige Entscheidungsträger werden sich hingegen von der Möglichkeit, bei a_1 70 zu bekommen, beeindrucken lassen und sich daher für a_1 entscheiden.

7.4 Entscheidung unter Risiko

4.A a) Für den Erwartungswert ergibt sich:

$$E(x) = \mu = 0{,}25 * 60 + 0{,}5 * 120 + 0{,}25 * 360 = 165$$

b) Zur Berechnung des Erwartungswertes des Risikonutzens müssen zunächst die Nutzenwerte und dann der Erwartungswert der Nutzenwerte bestimmt werden. Die Nutzenwerte ergeben sich, indem der Periodengewinn in die Risiko-Nutzen-Funktion eingesetzt wird. Es ergibt sich:

$$\begin{aligned} E(RNF(G)) = {} & 0{,}25 * (-0{,}02*60^2 + 10*60) \\ & + 0{,}5 * (-0{,}02*120^2 + 10*120) \\ & + 0{,}25 * (-0{,}02*360^2 + 10*360) = 840 \end{aligned}$$

c) Wenn das Sicherheitsäquivalent niedriger (größer) als der Erwartungswert ist, so ist der Entscheidungsträger risikoscheu (risikofreudig). Zur Lösung der Aufgabe muss zunächst das Sicherheitsäquivalent bestimmt werden:

$$840 = -0{,}02*SÄ^2 + 10SÄ$$

Diese quadratische Gleichung muss nun gelöst werden. Am einfachsten geschieht dies mit der pq-Formel (im Anhang von "Mathematik -anschaulich dargestellt- für Studierende der Wirtschaftswissenschaften" ist die pq-Formel sehr ausführlich beschrieben):

$$\Leftrightarrow 0{,}02*SÄ^2 - 10SÄ + 840 = 0 \quad | \ /0{,}02 \ \text{(identisch mit } *50)$$

$$\Leftrightarrow SÄ^2 - 500SÄ + 42000 = 0$$

$$\Leftrightarrow SÄ = 250 \pm \sqrt{250^2 - 42000} = 250 \pm 143{,}18$$

$$SÄ = 393{,}18 \ \vee \ SÄ = 106{,}82$$

Der erste Wert liegt außerhalb des Definitionsbereiches (generell werden quadratische Nutzenfunktionen ab ihrem Hochpunkt ökonomisch unsinnig, denn von diesem Wert an haben sie einen negativen Grenznutzen.) Das Sicherheitsäquivalent lautet:

$$SÄ = 106{,}82$$

Für den Erwartungswert hatte sich ein Wert von 165 ergeben, somit gilt:

$$\mu = 165 > 106{,}82 = SÄ$$

Der Erwartungswert liegt also über dem Sicherheitsäquivalent und somit ist der Entscheidungsträger risikoscheu.

4.B Mittels der gegebenen Risiko-Nutzen-Funktion muss der Erwartungsnutzen der beiden Investitionen bestimmt werden. Der Unternehmer wird sich dann für die Alternative mit dem höheren Erwartungsnutzen entscheiden. Da die beiden möglichen Ergebnisse jeweils gleichwahrscheinlich sind, ist die Wahrscheinlichkeit für die Ergebnisse jeweils 0,5.

Es ergibt sich:

1. Investition:

$$E(U(x)) = 0{,}5 * (2*30.000 - \frac{30.000^2}{100.000}) + 0{,}5 * (2*50.000 - \frac{50.000^2}{100.000}) = 63.000$$

2. Investition:

$$E(U(x)) = 0{,}5 * (2*10.000 - \frac{10.000^2}{100.000}) + 0{,}5 * (2*80.000 - \frac{80.000^2}{100.000}) = 57.500$$

Der Unternehmer wird sich somit für die Investition 1 entscheiden.

Alternativ zu der angeführten Berechnung hätte man auch zunächst die Nutzenmatrix (Entscheidungsmatrix) aufstellen und dann die Erwartungswerte für die beiden Alternativen bezüglich dieser Nutzenmatrix berechnen können.

4.C Das Unabhängigkeitsaxiom fordert, dass, wenn eine Chance a einer anderen Chance b vorgezogen wird, sich diese Präferenz auch für die Mischung mit einer dritten Chance ergibt. Es soll also gelten, dass auch die Wahrscheinlichkeitsverteilung

W_a [a tritt mit der Wahrscheinlichkeit p ein und c mit der Wahrscheinlichkeit (1 - p)]

der Wahrscheinlichkeitsverteilung

W_b [b tritt mit der Wahrscheinlichkeit p ein und c mit der Wahrscheinlichkeit (1 - p)]

vorgezogen wird.

Für die Bewertung von Wahrscheinlichkeitsverteilungen anhand des Erwartungsnutzens stellt das Unabhängigkeitsaxiom die notwendige Grundlage dar.

4.D Das Sicherheitsäquivalent ist der sichere Betrag, der für den Entscheidungsträger genau gleichwertig mit einer Alternative ist. Das Sicherheitsäquivalent stellt somit den Preis dar, für den der Entscheidungsträger die entsprechende Chance "verkaufen" würde.

Mittels des Sicherheitsäquivalents können Entscheidungssituationen auf eine eindimensionale Skala übertragen werden, denn es wird durch das Sicherheitsäquivalent jeder Entscheidungssituation ein gleichwertiger sicherer Betrag zugeordnet. Anhand des zugehörigen Sicherheitsäquivalents können somit verschiedene Alternativen miteinander verglichen werden. Weiterhin lässt sich anhand des Sicherheitsäquivalents auch die Risikoeinstellung des Entscheidungsträgers erkennen. Ist das Sicherheitsäquivalent größer als der Erwartungswert der Alternative, so ist der Entscheidungsträger risikofreudig, ist es kleiner als der Erwartungswert, so ist er risikoscheu.

4.E a) Da alle Wirtschaftslagen gleichwahrscheinlich sind, hat jede Wirtschaftslage eine Eintrittswahrscheinlichkeit von 0,25. Somit ergibt sich für die Erwartungswerte:

$\mu_1 = 0{,}25 * 1600 + 0{,}25 * 900 + 0{,}25 * 49 + 0{,}25 * 0 = 637{,}25$

$\mu_2 = 0{,}25 * 900 + 0{,}25 * 400 + 0{,}25 * 361 + 0{,}25 * 100 = 440{,}25$

Die erste Aktie hat also den höheren Erwartungswert und würde somit von dem Anleger gewählt werden.

b) Zunächst sei die Nutzenmatrix ermittelt ($u_{ij} = 0{,}1 * \sqrt{e_{ij}}$):

	sehr gut	gut	mittel	schlecht	$E(u_{ij})$
Aktie 1	4	3	0,7	0	1,925
Aktie 2	3	2	1,9	1	1,975

In der letzten Spalte wurde der Erwartungsnutzen der Aktien berechnet. Da dieser bei der zweiten Aktie höher ist, würde sich der Anleger für die Aktie 2 entscheiden.

c) In a) ist der Anleger risikoneutral, denn die Bayes-Regel steht gerade für Risikoneutralität.

Für die zweite Ableitung der Nutzenfunktion ergibt sich:

$u = 0{,}1 * e^{0{,}5} \Rightarrow u' = 0{,}05 * e^{-0{,}5} \Rightarrow u'' = -0{,}025 * e^{-1{,}5}$

Da die zweite Ableitung negativ ist, ist die Funktion konkav (Rechtskurve). Derartige Nutzenfunktionen stehen für ein risikoscheues Verhalten.

d) Gefragt ist hier nach dem Sicherheitsäquivalent der Aktie. Der Erwartungsnutzen der bei b) gewählten Aktie beträgt 1,975. Gesucht ist nun der sichere Betrag, der diesen Nutzen liefert:

$1{,}975 = 0{,}1 * \sqrt{x} \Leftrightarrow 19{,}75 = \sqrt{x} \Leftrightarrow 19{,}75^2 = x \Leftrightarrow x = 390{,}06$

Der Anleger würde also mindestens 390,06 EUR statt der Aktie haben wollen.

4.F Wenn der Entscheidungsträger bei dem Bernoulli-Prinzip eine lineare Nutzenfunktion (eine Gerade als Nutzenfunktion) hat, so ist die Entscheidung nach dem Bernoulli-Prinzip identisch mit der Entscheidung nach dem μ-Prinzip. Dies ist darin begründet, dass sich bei dem Bernoulli-Prinzip stets die gleiche Entscheidung ergibt, wenn man die Nutzenfunktion einer positiven Linear-Transformation unterzieht. Mittels dieser Transformation kann eine lineare Nutzenfunktion zu der identischen Abbildung $U(e_{ij}) = e_{ij}$ transformiert werden. In diesem Fall entspricht aber die Bildung des Erwartungsnutzens dem Erwartungswert (μ).

4.G a) Es empfiehlt sich, zunächst den Erwartungswert (μ) für das Aktienpaket zu berechnen:

Börsensituation	s_1	s_2	s_3	μ
Wahrscheinlichkeiten:	0,3	0,4	0,3	
Nettoerlös (Mio. EUR)	7	10	13	$0{,}3*7+0{,}4*10$ $+0{,}3*13 = 10$

Der Erwartungswert entspricht also gerade dem Kaufpreis von 10 Mio. EUR. Der Verkäufer ist vor dem Verkauf der Besitzer des Aktienpaketes, danach besitzt er die 10 Mio. EUR. Wenn er einen Nutzen aus diesem Geschäft zieht, so muss ihm das Aktienpaket weniger als 10 Mio. EUR wert gewesen sein. Der sichere Wert, den er mit dem Aktienpaket als gleichwertig betrachtet, ist sein Sicherheitsäquivalent. Das Sicherheitsäquivalent des Verkäufers muss also niedriger als 10 Mio. EUR sein. Der Käufer wertet den Kauf positiv, wenn der sichere Wert, den er dem Aktienpaket beimisst, größer als der Kaufpreis ist. Das Sicherheitsäquivalent des Käufers muss also größer als 10 Mio. EUR sein.

b) Es sei hier unterstellt, dass der Kaufabschluss nur zustande kommt, wenn beide Parteien einen Vorteil daraus ziehen. Das Sicherheitsäquivalent des Verkäufers ist dann niedriger als 10 Mio. EUR, also niedriger als der Erwartungswert. Daher ist der Verkäufer risikoscheu. Das Sicherheitsäquivalent des Käufers ist größer als der Erwartungswert, daher ist der Käufer risikofreudig.

4.H a_1) Für die Erwartungswerte der Investitionen ergibt sich Folgendes:

$$\mu_1 = 0{,}55 * 40.000 + 0{,}45 * 50.000 = 44.500$$

$$\mu_2 = 0{,}55 * 20.000 + 0{,}45 * 80.000 = 47.000$$

Bei der zweiten Investition ergibt sich ein höherer Erwartungswert, somit wird diese Investition nach der Bayes-Regel gewählt.

a_2) Risikoneutralität

b_1) Für den Erwartungsnutzen der Alternativen ergibt sich:

$$E_1(u(x)) = 0{,}55 * (-40.000^2/100.000 + 2*40.000) + 0{,}45 * (-50.000^2/100.000 + 2*50.000) = 68.950$$

$$E_2(u(x)) = 0{,}55 * (-20.000^2/100.000 + 2*20.000) + 0{,}45 * (-80.000^2/100.000 + 2*80.000) = 63.000$$

Die erste Alternative hat den höheren Erwartungsnutzen, so dass der Investor mit der gegebenen Risiko-Nutzen-Funktion sich für die Investition 1 entscheiden würde.

b_2) Der Investor ist risikoscheu. Für die betrachtete Entscheidung kann man dies bereits daran erkennen, dass er die Investition 1 der Investition 2 vorzieht. Die Investition 2 hat den höheren Erwartungswert, aber auch ein höheres Risiko. Aus der Risiko-Nutzen-Funktion ergibt sich die Risikoeinstellung anhand der zweiten Ableitung der Funktion:

$$u(x) = -\frac{1}{100.000}x^2 + 2x$$

$$u'(x) = -\frac{2}{100.000}x + 2$$

$$u''(x) = -\frac{2}{100.000}$$

Die zweite Ableitung der Nutzenfunktion ist negativ, dies ist gleichbedeutend damit, dass der Entscheidungsträger risikoscheu ist.

4.I Die $\mu\sigma$-Regel orientiert sich an dem Erwartungswert (μ) und der Standardabweichung (σ) der Alternativen. Der Erwartungswert gibt die im Mittel erwarteten Ergebnisse an. Die Zielvorstellung des Entscheidungsträgers ist es, einen möglichst hohen Erwartungswert zu erzielen. Die Zielgröße Standardabweichung ist ein Maß für die Schwankungsbreite der Ergebniswerte. Die Bewertung dieser Zielgröße hängt von der Risikoeinstellung des Entscheidungsträgers ab. Ist er risikofreudig, so bewertet er ein hohes σ positiv, während ein risikoscheuer Entscheidungsträger ein hohes σ negativ bewertet.

Literaturverzeichnis

Bamberg, G.; Coenenberg, A. G.	Betriebswirtschaftliche Entscheidungslehre, 8. Aufl., München 1994
Dörsam, Peter	Grundlagen der Investitionsrechnung anschaulich dargestellt, 3. Aufl., Heidenau 2003
Eisenführ, F.; Weber M.:	Rationales Entscheiden, 2. Aufl., Berlin/Heidelberg/New York 1994
Bitz, Michael:	Entscheidungstheorie, München 1981
Laux, H.:	Entscheidungstheorie I. Grundlagen, 2. Aufl., Berlin/ Heidelberg/New York 1991
Laux, H.:	Entscheidungstheorie II. Erweiterung und Vertiefung,, 3. Aufl., Berlin/ Heidelberg/New York 1993
Luce, R.D., Raiffa H.:	Games and Decisions, New York 1957
Neumann, J.v.; Morgenstern, O.:	Theory of Games and Economic Behavior, Princeton 1947
Saliger, E.:	Betriebswirtschaftliche Entscheidungstheorie, 2. Aufl., München/Wien 1988
Schneeweiß, C.:	Planung. Band 1: Systematische und entscheidungstheoretische Grundlagen, Berlin/ Heidelberg/New York 1991
Sinn, Hans-Werner:	Ökonomische Entscheidungen bei Ungewißheit, Tübingen 1980
Vetschera, R.:	Entscheidungstheorie in Lehre und Forschung, Die Betriebswirtschaft, Jg. 52, S. 397-410

Index